'beautifully told stories . . . his own illustrations
perfectly match the text'

'The stories are good to read aloud in English or in Irish
and the young mac Liammóir triumphantly mixed Arthur
Rackham and Harry Clarke to produce an evocative
series of illustrations. A most unusual
book and highly recommended.'

'An dorchadas an t-am is fearr le turas a dhéanamh'

Mícheál mac Liammóir (1899-1978) founded the Gate
Theatre in Dublin with his partner Hilton Edwards in 1928.
For fifty years afterwards their names were by-words for
style in Irish life.

Chuir Mícheál mac Liammóir (1899-1978) agus a pháirtí,
Hilton Edwards, Amharclann an Gheata ar bun i mBaile
Átha Cliath sa bhliain 1928. Ar feadh leathchéad bliain ina
dhiaidh sin, b'ionann in aigne daoine a n-ainmneacha siúd
agus stíl agus galántas i saol na hÉireann.

LUCKY TREE BOOKS FOR CHILDREN

Cyril – The Quest of an Orphaned Squirrel
Eugene McCabe
Illustrated by Al O'Donnell

Faery Nights / Oícheanta Sí
Stories on Ancient Irish Festivals
Mícheál macLiammóir

Jimeen
Pádraig Ó Siochfhradha
Illustrated by Brian Bourke

The Little Black Sheep
Elizabeth Shaw

The Lost Island
Eilís Dillon
Illustrated by David Rooney

The Lucky Bag – Classic Irish Children's Stories
Ed. Dillon, Donlon, Egan, Fallon
Illustrated by Martin Gale

The Theatre Cat
Maureen Potter
Illustrated by David Rooney

Up the Airy Mountain
William Allingham
Illustrated by Frances Hyland

Look out for new books in this series

FAERY NIGHTS
OÍCHEANTA SÍ

Written and Illustrated by

Mícheál mac Liammóir

Stories on
Ancient Irish Festivals

LUCKY TREE BOOKS
THE O'BRIEN PRESS

First published in 1984 by
The O'Brien Press Ltd.,
20 Victoria Road, Dublin 6, Ireland.
First paperback edition 1987

Originally published by the Talbot Press, Dublin, 1922

British Library Cataloguing in Publication Data
Mac Liammóir, Micheál
Faery Nights/Oícheanta Sí: stories on ancient Irish festivals.
(Lucky tree books for children, ISSN 0790-3669; v.3)
1. Festivals — Folklore   2. Tales   3. Legends
I. Title   II. Series
398.2'36   PZ8.1

ISBN 0-86278-133-7 (Dual language edition)
10 9 8 7 6 5 4 3 2
The O'Brien Press acknowledges gratefully the
co-operation of Mary Cannon and Máirín Ní Dhonnchadha
in the preparation of this book.
The O'Brien Press acknowledges also the assistance of
The Arts Council/An Chomhairle Ealaíon, Ireland.

Editor: Peter Fallon
Book design: Michael O'Brien
Typesetting: Inset Ltd.
Set in Bembo
Printed by: Brough, Cox & Dunn Ltd.

Contents

St. Brigid's Eve

Her name was Gráinne, but she wasn't at all like the princess in the old tale. This Gráinne was a little girl with a snub nose, black hair, and shiny grey eyes. Gráinne lived in Dublin; she had so many dolls that she couldn't count them, a little black dog which she called Bedelia, and any amount of pretty dresses. Gráinne was spoilt.

She lived in Dublin, as I said before. Indeed, her house was right in the middle of the city. But if you had asked her did she like the same city, she would have said that she 'preferred the country'. She often used to pay visits to the country, too: she used to stay with her Aunt Lily, who had a nice house in County Limerick. Aunt Lily took a great interest in old Irish things, and wore queer dresses of blue and green; she was very learned, too, and wore spectacles, and she used to say to Gráinne:

—Why don't you give the little dog a nice Irish name, child - Sceolán, or Bran, or Sciarlóg, for example?

But the answer Gráinne gave was always:

—No, I prefer Bedelia.

Gráinne was very spoilt.

She was rather naughty, too. For instance, when she stayed in the country with her aunt, she used always to

Oíche na Féile Bríde

Gráinne an t-ainm a bhí uirthi, ach ní raibh pioc cosúlachta idir í agus an ban-fhlaith sa sean-scéal. Bhí an Ghráinne seo a bhfuil mé ag trácht uirthi ina cailín beag a raibh srón gheancach, folt dubh, agus súile beoga glasa aici. I mBaile Átha Cliath a bhí cónaí ar Ghráinne; bhí an oiread sin bábóg aici nár fhéad sí iad a chomhaireamh, madra beag dubh gur thug sí Beidília uirthi, agus an-chuimse gúnaí deasa. Bhí Gráinne 'millte' - 'sé sin le rá, bhí sí ina peata críochnaithe.

I mBaile Átha Cliath a bhí cónaí uirthi, mar a dúirt mé cheana. Go deimhin duit, bhí a teach i gceartlár na cathrach. Ach dá bhfiafrófá di ar thaitnigh an chathair chéanna léi, 'séard a déarfadh sí ná 'gurb fhearr léi an tuath'. Ba mhinic di cuairt a thabhairt faoin tuath freisin: d'fhanadh sí ag a hAint Líle, a raibh teach deas aici i gContae Luimní. Chuir Aintín Líle suim mhór i sean-rudaí Gaelacha, agus chaitheadh sí gúnaí aisteacha gorma agus uaine; agus bhí sí an-léannta freisin agus chaith spéaclaí ar bharr a sróine; agus deireadh sí le Gráinne:

—Cad chuige nach dtugann tú ainm deas Gaelach ar an madra beag, a linbh - Sceolán, nó Bran, nó Sciarlóg, cuir i gcás?

Ach 'sé an freagra a bheireadh Gráinne uirthi i gcónaí:

be roaming about all over the place, in spite of all her poor aunt could say, with no company but Bedelia. And as Aunt Lily said, Bedelia was no good at all for protection. She was a silly little black dog, with a fluffy tail, which could do nothing but yelp. But Gráinne gave her the love of her heart, and would never move a step without Bedelia.

And so it happened that Bedelia played an important part in the adventure which befell Gráinne one St. Brigid's Eve, when she was staying with her aunt. Aunt Lily had planned to hold the feast in the proper way when night came, and she was very busy during the day making cakes and things for it.

—To-night, my dear, said she to Gráinne, we'll have great fun, as it's St. Brigid's Eve. We'll have a grand feast, and light the candles in the correct manner, and I'll invite those nice little Sullivans to come in and play with you. . . .

—Yes, auntie, said Gráinne meekly, but she said to herself:

—There! How I hate those stupid little Sullivans! I always want to play Blind-Man's-Buff, and they can do nothing at all but play marbles, or 'Four Corners,' or something of the sort. . . . But I know! I'll go out for a walk, and maybe when I come in they'll be gone.

And so when darkness fell, and her aunt began lighting some long white candles she had arranged in the window, Gráinne took little Bedelia in her arms and stole out of the house, and off she went over the fields. It was rather cold, and Gráinne only had on a blue cotton dress with black dots speckled on it - she had forgotten

10

·—Ní thabharfad, is fearr liom Beidília.

Bhí Gráinne an-mhillte.

Bhí sí sách urchóideach freisin. Mar shampla, bhíodh sí de shíor ag spaisteoireacht léi féin ar fud na tíre agus í ag fanacht ag teach a haintín (d'ainneoin a deireadh a haintín bocht in a aghaidh), agus gan de chomhluadar aici ach Beidília. Agus mar a deireadh Aint Líle, ní raibh aon mhaith i mBeidília mar ghléas cosanta ar chor ar bith. Madra beag amaideach dubh a bhí inti, eireaball clúmhach uirthi, agus gan ina cumas tada a dhéanamh ach amhastrach. Ach thug Gráinne grá a croí di, agus cor ní chuirfeadh sí di gan Beidília a bheith ina fochair.

Agus mar sin tharla go raibh dlúthbhaint idir Bheidília is an eachtra a d'éirigh do Ghráinne oíche Fhéile Bríde amháin dá raibh sí ag fanacht ag a haintín. Bhí curtha roimpi ag Aint Líle fleá cheart a bheith acu ar theacht na hoíche, agus bhí sí go han-ghnóthach i rith an lae ag bácáil cístí is eile ina comhair.

—Anocht, a chuisle, ar sise le Gráinne, beidh an-spórt againn, ós í oíche na Féile Bríde atá ann. Beidh féasta breá againn, agus lasfaimíd na coinnlí ar an dóigh cheart, agus tabharfaidh mé cuireadh do na Súilleabháinigh beaga deasa úd teacht isteach agus imirt leat. . . .

—Sea, a aintín, arsa Gráinne go humhal, ach 'sé a dúirt sí léi féin:

—A leithéid! Nach beag orm na Súilleabháinigh beaga amadánta úd! Is mian liom-sa Púicín Dallanda a imirt i gcónaí, agus ní féidir leo-san tada a dhéanamh ach bheith ag imirt marmair nó 'cúinní' nó rud éigin den sórt. . . . Ach tá liom! Rachaidh mé amach ag siúl, agus b'fhéidir nuair a thiocfaidh mé thar nais go mbeidh siad imithe.

Agus mar sin, nuair a thosaigh an dorchadas ag titim, agus a haintín ag lasadh na gcoinnlí fada bána a bhí

11

to put on her coat - but she ran quickly, and soon she was quite warm. She had a grand time. Once she fell into a ditch while she was looking for primroses (she didn't find one), and when she climbed out again her dress was smeared with mud, and her feet were wet; and another time what should Bedelia do but fall in a pool - and she was not able to swim - and Gráinne herself nearly fell in, too, trying to rescue her darling. She caught hold of her at last, however, and they both went gaily on.

Before long they discovered a little stream which Gráinne had never seen before. She thought it would be great sport to follow it. So off she set, with Bedelia running by her side, sniffing round and pretending that she was looking for water rats; though it's likely if one had come out she would have been terrified.

It was a lovely little stream. It made a queer gurgling noise as it ran over the stones.

—I wonder where did it come from? said Gráinne to herself, as she wandered along, following the tip of her nose. She didn't notice that the little white stars were coming out in the sky, or that the sun was sinking behind the hills, or that there was a cold edge on the wind. It seemed to her that the sound the stream made was very like the music of a flute she had heard played by some man in Dublin once. Indeed, you would think it was the music of a flute, and not a stream at all. Gráinne stood still for a second, listening intently. Bedelia pricked up her ears too and, if you would believe it, she didn't bark once for five whole minutes. After a while they went on.

The stream ran here and there at its own sweet will,

socraithe sa bhfuinneog aici, thóg Gráinne Beidília bheag ina baclainn agus d'éalaigh amach as an teach, agus as go brách léi thar na bánta. Bhí sé roinnt fuar agus ní raibh ar Ghráinne ach gúna gorm cadáis a raibh spotaí dubha breaçtha air - rinne sí dearmad a casóg a chur uimpi - ach bhain sí as go tapaidh agus bhí sí sách teasaí gan mórán achair. Bhí an-aimsir aici. Thit sí isteach i ndíog aon uair amháin agus í ag lorg samhaircíní (ní bhfuair sí oiread is aon cheann amháin), agus ar strapadóireacht amach di bhí a gúna smeartha le clábar agus a cosa fliuch; agus uair eile, céard a dhéanfadh Beidília ach titim isteach i linn agus gan ina cumas snámh, agus ba dhóbair do Ghráinne féin titim isteach chomh maith agus í ag iarraidh a múirnín dílis a tharrtháil. Rug sí uirthi faoi dheire, ámh, agus d'imigh siad araon ar aghaidh arís go gliondrach.

Níorbh fhada gur aimsigh siad sruthán beag nach bhfaca Gráinne riamh roimhe sin. Cheap sí go mba mhór an greann é é a leanúint. Siúd chun siúil léi, mar sin, agus Beidília ag rith lena cois, agus í ag bolaíocht thart, ag ligean uirthi gurb amhlaidh a bhí sí ag lorg luch uisce; is dócha, ámh, dá dtiocfadh ceann amach go gcuirfeadh sé faitíos an domhain uirthi.

B'aoibhinn an srutháinín é. Rinne sé fuaim ait ghlugarnach agus é ag rith le fána thar na clocha.

Cárbh as dó? arsa Gráinne léi féin agus í ag seachrán léi, agus ag leanúint barr a sróine. Níor mhothaigh sí go raibh na réaltóga beaga bána ag teacht amach thuas sa spéir, ná go raibh an ghrian ag dul faoi ar chúl na gcnoc, ná go raibh faobhar ag teacht ar an ghaoth. Samhlaíodh di go raibh an-chosúlacht idir fhuaim an tsrutha agus fuaim cheol feadóige a chuala sí uair amháin á seinm ag fear éigin i mBaile Átha Cliath. Go deimhin, cheapfá gur ceol feadóige a bheadh ann, agus nárbh sruthán ar

among stones and rocks and over smooth green grass. Gráinne was a long way from home by now. But she didn't think of that. She just followed the stream, and wondered at the music it was making. Presently it turned a corner, round a big grey rock. She followed it, climbing over the rock with great care, so as not to wet her feet again. Bedelia ran along with her feet in the water, which was filling by this time with the reflections of twinkling stars, and she kept very quiet. They were round the corner by now; and the music of the stream was even louder than before. Gráinne lifted her head, and what should she see in front of her but - a wood.

It was a wood of tall bare trees, very dark and lovely-looking. The branches were stirring and sighing in the wind. How black and shadowy it looked in among the trees! You would be frightened to go into their midst unless you were very brave, indeed, and had a good bright lantern. And Gráinne was not one of the bravest little girls in Ireland. . . . She started. She didn't know why, but she started. She gave a little whistle, and then she began talking to Bedelia.

—What a funny wood! said she, but then she stopped.

Bedelia had vanished from her side and was making straight for the wood, with her nose to the ground.

—I'll follow her, said Gráinne, and off she ran after the dog, calling:

—Bedelia! Bedelia!

Her voice sounded strange and empty in the deep stillness, and she stopped. For everything was extraordinarily quiet, but for the sighing of the wind among

chor ar bith é. D'fhan Gráinne ina seasamh seal agus cluas le héisteacht uirthi. Chuir Beidília cluas uirthi féin chomh maith, agus dá gcreidfeá uaim é níor chuir sí oiread agus aon amhastrach aisti ar feadh cúig nóiméad mór fada. Tar éis scathaimh chuaidh siad ar aghaidh.

Bhí an sruthán ag rith anseo agus ansúd ar a thoil féin i measc cloch is carraigeacha, agus thar fhéar mín glas. Bhí Gráinne i bhfad ó bhaile faoin am seo. Ach níor chuimhnigh sí air sin. Ní dhearna sí ach an sruthán a leanúint agus iontas a dhéanamh den cheol a bhí sé ag cur as. Ar ball, thiontaigh sé thar chúinne, thar charraig mhór ghlas. Lean sí é, agus í ag strapadóireacht timpeall na carraige agus ag tabhairt an-aire di féin ionnas nach bhfliuchfadh sí a cosa athuair. Bhí Beidília ag rith léi agus a ceithre cosa san uisce reatha a bhí á líonadh anois le scáileanna réaltóg drilseach, agus d'fhan sí ina tost. Bhí siad timpeall an chúinne faoin am seo; agus bhí ceol an tsrutha níos airde fós. Thóg Gráinne a ceann agus céard a fheicfeadh sí os a cóir amach ach - coill.

Coill chrann ard lom a bhí ann, agus í an-dúbhach an-uaigneach. Bhí na craobhacha á luascadh le gaoth agus iad ag osnaíl. Nach dorcha duaibhseach a d'fhéach sé i measc na gcrann! Bheadh eagla ort dul isteach ina measc muna mbeifeá iontach calma agus lóchrann maith geal id' ghlaic agat. Agus ní raibh Gráinne ar na cailíní ba chalma in Éirinn. . . . Baineadh geit aisti. Ní raibh a fhios aici cén fáth, ach baineadh geit aisti. Lig sí fead bheag, agus ansin ghabh uirthi ag caint le Beidília.

—Cad é mar choill ghreannmhar é! ar sise, ach ansin stad sí. Bhí Beidília imithe óna taobh, agus í ag déanamh ar an gcoill agus a srón le talamh.

—Leanfaidh mé í! arsa Gráinne, agus bhain sí as i ndiaidh a madra agus í ag glaoch:

—A Bheidília! 'Bheidília!

the trees. There was no music from the stream! Gráinne noticed this suddenly. She ran on, but she didn't call out again. And before long, what should she see but her own darling Bedelia standing by a tree at the edge of the wood.

Bedelia was trembling. Her eyes were as big as two pennies, and her fur was bristling.

—What's the matter? said Gráinne, but as she spoke the sweet reedy music began to play again. Over she went to Bedelia, and she gave a peep in through the trees.

—Oh! said she.

A little green man, with a red cap on his head, was sitting under a tree, playing a pipe. It was quite plain that he was a faery man - or why would he be wearing a red cap? And who, but one of the Good People, could make such sweet music? Gráinne was delighted to see a faery, and before long she noticed that there were three others there - tiny, funny little men - sitting on toadstools, listening to the music.

Now, Gráinne had heard once that if you could catch a faery you'd be able to make him tell you where to find a crock of gold, or maybe a bag of precious stones. Wouldn't that be grand! She would have loved to find such a priceless treasure, and to show it to her aunt. And wouldn't she be surprised, and everyone else too! The whole world would think what a wonderful child she was. . . .Gráinne Burke? people would say. Oh, yes, that wonderful little girl who found the crock of gold. Such a clever little darling!

Gráinne forgot that the wood was so dark and

Bhí fuaim aisteach fholamh ar a guth sa chiúnas doimhin, agus stop sí. Óir bhí gach uile rud iontach tostach, ach osnaíl na gaoithe i measc na gcrann. Ní raibh aon cheol le cloisteáil ón sruth! Thug Gráinne é sin faoi deara de gheit. Rith sí ar aghaidh, ach níor chuir sí gairm eile aisti. Agus sula i bhfad cé fheicfeadh sí ach a Beidília muirneach féin ina seasamh le hais chrainn ar imeall na coille.

Bhí Beidília ar crith. Bhí a súile chomh mór le dhá phingin, agus a cuid lomra ina cholgsheasamh.

—Céard tá ort? arsa Gráinne, ach le linn labhartha di tosaíodh ar an gceol binn giolcach a sheinm arís. Anonn léi chuig Beidília, agus thug sí sracfhéachaint trí na crainn.

—Airiú! ar sise.

Bhí firín beag glas a raibh caipín dearg ar a cheann ina shuí faoi bhun crainn, agus é ag seinm ar fheadóg. Ba léir gurb fhear sí a bhí ann - nó cad chuige go mbeadh sé ag caitheamh caipín dearg? Agus cé fhéadfadh a leithéid de cheol binn a dhéanamh ach fear de na Daoine Maithe? Chuir sé aoibhneas croí ar Ghráinne síóg a fheiceáil, agus ba ghearr gur thug sí faoi deara go raibh triúr eile ann - firíní beaga bídeacha greannmhara - ina suí ar phúcaí peill, agus iad ag éisteacht leis an gceol.

Anois, chuala Gráinne uair, dá bhféadfá breith ar fhear sí, go mbeifeá ábalta iachall a chur air a insint duit cá mbeadh próca mór óir le fáil, nó b'fhéidir, mála mór lán de chlocha uaisle. Nárbh aoibhinn é sin anois! Ba bhreá léi féin a leithéid de stór luachmhar a aimsiú, agus é a thaispeáint dá haintín. Agus nach uirthi a bheadh an t-iontas, agus ar gach éinne eile freisin! Cheapfadh an saol iomlán gurb iontach ar fad an gearrchaile í. . . . Gráinne de Búrca? a déarfaí: Ó sea, an cailín beag iontach úd a fuair an próca óir. A leithéid de pheata beag cliste!

gloomy. She forgot that she didn't know her way in it, and that the night was falling fast. She sprang out from behind the tree.

—Come on, Bedelia, she cried, and she jumped over the stream to where the faery men were sitting. But if she did, they were too quick for her.

—A child! A child! A human child! they screamed, and away they rushed, with Gráinne and Bedelia close behind them.

What a chase it was! Gráinne was soon out of breath, but she wouldn't give in. She meant to get that crock of gold somehow. She stumbled over stones and she fell over roots, but she didn't succeed in catching the faeries. And presently she gave a shout of anger.

—Bad cess to you! she cried tearfully, and she sat down on the ground. You're gone now, said she, and I didn't find any gold at all.

And she laid her head on her hands and started to cry. But soon she looked up. She brushed the tears from her cheeks. What on earth was Bedelia doing? She was scraping and scratching the old withered leaves that covered the ground, directly in the spot where she had seen the faery people vanishing from her sight. Her black fluffy tail was wagging, and it was plain that she was very excited.

—What is it now at all? said Gráinne crossly.

But Bedelia went on scratching and scraping. Gráinne looked at her in suprise. But what was that? The gleam of something bright. She rose to her feet and went over to where the little dog was working so hard. She knelt down, stooping low so as to see what it was....

Rinne Gráinne dearmad go raibh an choill chomh duaibhseach dorcha sin. Rinne sí dearmad nach raibh eolas an bhealaigh aici, agus go raibh an oíche ag titim go tiubh. Phreab sí amach ó chul an chrainn.

—Téanam ort, a Bheidília! ar sise, agus chaith sí léim thar an sruthán go dtí an áit a raibh na sí-dhaoine ina suí. Ach má chaith, bhí siadsan ró-thapaidh di.

—Leanbh! Leanbh! Leanbh daonna! ar siadsan ina sean-scréach, agus as go bráth leo ag reathaíocht ar a ndícheall, agus Gráinne is Beidília ina ndiaidh.

An tóraíocht sin! Ba ghearr go raibh Gráinne i ndeire anála, ach ní ghéillfeadh sí don tuirse. Bhí fúithi an próca sin a aimsiú ar chaoi éigin. Thuisligh sí thar fhréamhacha agus thit sí thar chlocha, ach níor éirigh léi breith ar na sióga. Agus ar ball lig sí scread feirge.

—Gan rath oraibh! ar sise go deorach, agus bhuail fúithi ar an talamh. Tá sibh imithe anois, ar sise, agus ní bhfuair mé aon ór ar chor ar bith.

Agus leag sí a ceann ar a bosa agus thosaigh uirthi ag gol. Ach bhreathnaigh sí suas uaithi gan mórán achair. Scuab sí na deora dá pluca. Céard, faoin spéir anuas, a bhí á dhéanamh ag Beidília? Bhí sí ag tochas is ag scríobadh na sean-duilleog feosaí lena raibh an talamh clúdaithe, díreach ar an spota mar ar chonaic sí na sí-dhaoine ag dul as radharc uirthi. Bhí a heireaball dubh clúmhach á shuathadh aici agus ba léir go raibh sí an-chorraithe.

—Céard tá ort anois ar chor ar bith? arsa Gráinne go crosta. Ach lean Beidília uirthi ag scríobadh is ag tochas. Dhearc Gráinne uirthi, agus í faoi iontas mór. Céard é sin? Laom ó rud geal éigin. D'éirigh sí ina seasamh agus anonn léi go dtí an áit a raibh an madra beag ag oibriú go dícheallach. Chuaidh ar a glúna, agus í ag cromadh síos go híseal ionnas go bhfeicfeadh sí céard a bhí ann. . . .

—A necklace! said she, and she held it up. An old necklace! Oh! - and I thought it would be a crock of gold. . . . And it's not shiny a bit except here and there, and it's covered with earth. . . . Well, I don't care - it'll do for a collar for you, darling! And she fastened it round Bedelia's neck.

Now I ought to tell you here that Bedelia had never worn a collar in her life, and I suppose she was too old to start practising new ways. At any rate, she didn't like it at all, and look! she started rushing round and round like the wheel of an old cart going down a steep hill. She bit her tail, she threw her four feet into the air, she gave the most awful barks, and suddenly - off she flew like an arrow you'd shoot out of a bow.

Poor Gráinne! What could she do? She was already too tired to run any more, she thought; but wouldn't anything be better for her than to be left all night in the gloomy, murmuring wood? And nobody to talk to but the ghosts of the trees and the spirits of the woods. So up she jumped and fled away through the wood after the dog. It was darker than ever now, and I daresay you will be asking me how could she see Bedelia at all, for Bedelia was blacker even than the wood. And but for a queer light that was shining from the necklace round Bedelia's neck, she would not have seen her, or her shadow. But that was what saved her, that gleaming golden light which rushed through the trees like a thread of fire. She followed this beautiful sign straight on, and after a long while they were out of the wood. It was really night by this time, and there was neither star nor moon in the sky and, to make the story seven times

—Muince! ar sise, agus d'ardaigh sí ina láimh í. Sean-mhuince! Ó! - agus mise ag ceapadh gur próca óir a bheadh ann. . . . Agus níl sí lonrach ach anseo is ansiúd, agus tá sí clúdaithe le créafóg. . . . sea, is cuma liomsa é - déanfaidh sí mar bhóna duitse, a chuisle! Agus shocraigh sí faoi mhuineál Bheidília í.

Anois, ba chóir dom a insint duit anseo nár chaith Beidília bóna lena beo, agus is dócha gurb amhlaidh a bhí sí ró-aosta le nósanna nua a chleachtadh. Ar chaoi ar bith, níor thaitin sé léi ar chor ar bith, agus féach! Seo í ag reathaíocht thart timpeall uirthi féin ar nós rotha sean-chairt a bheadh ag imeacht le fána síos cnoc ardánach. Chreim sí a heireaball, chaith sí a ceithre cosa san aer, lig sí gach tafann ba mhilltí ná á chéile, agus go hobann - bhain sí as na fáscaí ar nós saighde a chaithfeá as bogha.

Gráinne bhocht! Céard a bhí le déanamh aici? Bhí sí ró-thuirseach cheana féin le go rithfeadh sí a thuille, dar léi; ach nárbh fhearr di rud ar bith eile ná a bheith fágtha ar feadh na hoíche sa choill duairc mhonabhrach? Agus gan de chomhluadar aici ach taibhsí na gcrann agus ainspridí na gcoillte. Agus d'éirigh sí ina seasamh agus as go bráth léi tríd an choill i ndiaidh a madra. Bhí sé ní ba dhorcha ná riamh anois, agus is dócha go mbeidh tú dom' cheistiú faoin chaoi ar fhéad sí Beidília a fheiceáil ar chor ar bith, óir bhí Beidília níos duibhe ná an choill féin. Agus marach go raibh solas ait ag taitneamh ón mhuince a bhí timpeall ar mhuineál Bheidília, ní fheicfeadh sí í, ná a dhath. Ach b'shin é an rud a shábháil í, an solas niamhrach órga úd a bhí ag ropadh trí na crainn mar a bheadh snáth tine ann. Lean sí an comhartha álainn seo ceann ar aghaidh, agus tar éis scathaimh fhada bhí siad taobh amuigh den choill. Bhí sé ina oíche amach is amach faoi seo, agus gan ghealach ná

worse, it was raining heavily - splash, splash, splash!

Poor Gráinne was terribly tired; she had no breath left; she was drowned by the rain and smeared with the soft mud of the roads and fields; and she was certain that all the faeries in Ireland were after her, and after Bedelia too, because they had stolen the old necklace. But at last, and long last, just as she was saying to herself that she couldn't go a step further, she saw a big dark house in front of her, with bright lights glinting through the windows, and she recognized her aunt's home. She ran in through the gate, across the garden, still following Bedelia, and a moment later she was in Aunt Lily's arms, and Aunt Lily was kissing her fondly and saying:

—Gráinne, you bold child, where were you, or why did you run off like that - and I thought I'd never see you again!

And she was so pleased that she gave her a little slap on the ear.

—And the Sullivans came and ate up every cake there was, and they went home ages ago, and oh, but we must get these wet clothes off immediately, my pet, and get a glass of hot lemonade or something -

(Aunt Lily was terrified of colds, you see, and things of the sort.)

—And oh, Gráinne! said she, how could you leave me like that? And she kissed her again.

And it wasn't long before Gráinne was sitting up in her own little bed, drinking bread and milk, and telling her auntie all about her adventures. During the talk, however, Bedelia jumped up on to the bed, and began to

réaltóg sa spéir, agus, leis an scéal a dhéanamh níos measa faoi seacht, bhí trom-bháisteach ag titim, agus clagairt mhór á déanamh aici.

Bhí Gráinne bhocht uafásach traochta, ní raobh aon anáil fágtha inti, agus bhí sí báite ag an mbáisteach agus smeartha ag dóib bhog an bhóthair is na mbánta; agus bhí sí dearfa go raibh a bhfuil de shióga in Éirinn ina diaidh agus i ndiaidh a carad freisin, toisc gur ghoideadar an tsean-mhuince. Ach faoi dheire is faoi dheoidh, agus í á rá léi féin nach bhféadfadh sí coiscéim eile a thabhairt, chonaic sí an teach mór dubhach os a cóir amach, agus soilse geala ag lonrú trína chuid fuinneog, agus d'aithin sí áras a haintín. Rith sí isteach tríd an gheata, trasna an gháirdín, agus í ag leanúint Bheidília fós, agus nóiméad ina dhiaidh sin bhí sí i mbaclainn Aint Líle, agus bhí sí sin á pógadh go dúthrachtach agus í ag rá:

—A Ghráinne, a linbh dhána, cá raibh tú, nó cad chuige ar imigh tú uaim - agus mé ag ceapadh nach bhfeicfinn choíche arís tú!

Agus bhí an oiread sin ríméid uirthi gur thug sí boiseog faoin chluas di.

—Agus tháinig na Súilleabháinigh agus d'itheadar gach uile císte dá raibh ann, agus d'imigh siad abhaile tá na cianta ó shoin ann, agus - ó, ach caithfimid na balcaisí fliucha úd a bhaint díot ar an bpointe, a pheata, agus gloine liomanáide te nó rud éigin - (Bhí an-eagla ar Aint Líle roimh shlaghdáin, an dtuigeann tú, is roimh rudaí eile dá sórt.)

—Agus ó a Ghráinne! ar sise. Cén chaoi ar fhéad tú imeacht uaim mar sin? Agus phóg sí arís í.

Agus ní raibh sé i bhfad go raibh Gráinne ina suí ar a leaba beag féin, ag caitheamh aráin is bainne agus ag insint gach uile shórt i dtaobh a cuid eachtraí dá haintín.

23

dance and leap up and down, just as she had done an hour or so before that in the gloomy wood.

—Is she mad, or what's the matter with her at all? cried Aunt Lily. She had never liked Bedelia - on account of her Englishy name, maybe. Is she mad? said she.

—No, auntie, said Gráinne. It's the necklace, I think.

—The necklace?

—Yes. I didn't come to that part of the story yet. . . .

And she was just going to begin, when Aunt Lily gave a little scream. She caught hold of Bedelia - a thing she had never done before.

—But what's this? said she, and there was a tremble in her voice.

She unfastened the necklace from Bedelia's neck. She went over to the lamp and examined it closely. A flush came into her old face. She took off her spectacles and rubbed them, and then she settled them on the top of her nose again. She bent down over the necklace. . . .

Gráinne grew tired watching her. She couldn't help closing her eyes, and pretty soon her head sank back on the soft white pillow. But before she fell asleep she heard her aunt talking softly to herself.

—An old Irish necklace, she was saying. An old, old Irish necklace! The most beautiful one I have ever seen. . . . And it's pure red gold. And to think - I hardly believed her when she was talking about the little green man - and yet they say that it's true that they are still here, that they know where gold is to be found. I wonder . . .

Le linn na cainte, ámh, léim Beidília in airde ar an leaba agus ghabh uirthi ag damhsa is ag preabadh suas is anuas mar a rinne sí uair nó dhó roimhe sin agus í amuigh faoin choill duaibhseach.

—An ar buile atá sí, nó céard tá uirthi ar chor ar bith? arsa Aint Líle. Níor thaitin Beidília léi riamh - toisc a hainm a bheith chomh Gallda sin, b'fhéidir. An ar buile atá sí? ar sise.

—Ní hea, a aintín, arsa Gráinne. 'Sí -' sí an mhuince faoi deara é, sílim.

—An mhuince?

—Sea. Níor tháinig mé go dtí an pháirt sin den scéal fós. . . .

Agus bhí sí ar tí tosú, nuair a lig Aint Líle scread bheag aisti. Rug sí ar Bheidília - rud nach ndearna sí riamh roimhe sin.

—Ach céard é seo? ar sise, agus bhí creathán ina glór.

Bhain sí an mhuince de mhuineál Bheidília. Anonn léi go dtí an lampa, gur scrúdaigh sí go géar í. Tháinig luisne ina sean-ghnúis chineálta. Bhain sí na spéaclaí dá srón agus chuimil iad, agus ansin shocraigh sí arís ar bharr a sróine iad. Chrom sí síos os cionn na muince. . . .

Tháinig tuirse ar Ghráinne agus í ag breathnú uirthi. Níor fhéad sí gan a súile a dhúnadh, agus ba ghearr gur shleamhnaigh a ceann siar ar an bpiliúr bog bán. . . . Ach sular thit a codladh uirthi, chuala sí a haintín ag caint go sámh léi féin.

—Sean-mhuince Ghaelach, bhí sí ag rá. Muince ársa Ghaelach! An ceann is áille dá bhfaca mé riamh. . . . Agus í ar fad déanta d'ór dearg. Agus smaoinigh - is ar éigin a chreid mé í agus í ag trácht ar an bhfirín beag glas - ach deirtear gur fíor go bhfuil siad ann fós, agus a fhios acu cá mbíonn ór le fáil. Is ionadh liom . . .

May Day Eve

But for Soot I would never have had this story to tell. It was he who woke Ciarán and Máire, who brought them out into the night, who showed them all the strange things they saw. And they had always thought that Soot was nothing but an ordinary creature, a creature who could do nothing at all but purr, and drink milk, and scratch you when he was angry, and sit on the chair you wanted to sit on . . . and so on.

But who was Soot? He was a cat. A large, black, solemn cat. He never laughed. No, when he was pleased he'd purr, and when he wasn't he'd stick his claws into you, or else he'd vanish with a horrible yell.

This, though, has nothing to do with my story. I could talk to you about Soot for a month, and at the end of that time you'd probably be asleep, and you'd not know very much about him either. For cats are the queerest creatures, and above all they are secretive.

One evening in spring Ciarán and Máire (they lived in Soot's house) were told quite early to go to bed. They had to go to bed quite early every night, and this used to make them very angry, the creatures, especially Máire, for she thought herself far too old to go to bed at all

Oíche Lae Bealtaine

Murach Súiche ní bheadh an scéal seo le hinsint agam ar chor ar bith. B'é a dhúisigh Ciarán is Máire, a thug amach san oíche iad, a thaispeáin gach a bhfacadar de rudaí aisteacha dóibh. Agus b'é a mbarúil riamh nach raibh i Súiche ach créatúr coitianta, créatúr nach raibh in ann tada a dhéanamh ach crónán, agus bainne a ól, agus a chuid ingne a chur ionat tráth a mbíodh fearg air, agus suí ar an gcathaoir ar ar mian leatsa suí, agus mar sin de.

Ach cérbh é Súiche? Cat a bhí ann. Cat mór dubh sollúnta a bhí ann. Ní dhearna sé gáire riamh. Ní heanuair a bhíodh sonas air dheineadh sé crónán, is nuair nach mbíodh chuireadh sé a chuid ingne fada géara ionat, nó d'imíodh as radharc ort, agus scread uafásach as.

Ach níl aon bhaint ag an méid sin lem' scéal. D'fhéadfainn cur síos ar Shúiche duit go ceann seachtaine, agus i ndeire an achair sin is cosúil go mbeifeá id' chodladh, agus ní bheadh mórán eolais agat i dtaobh Súiche ach an oiread. Óir is ait na créatúirí iad na cait, agus thar gach uile rud eile, tá siad an-sheicréideach.

Tráthnóna amháin, san Earrach, dúradh le Máire agus le Ciarán (i dteach Shúiche a bhí cónaí orthu), dúradh leo a leaba a thabhairt orthu féin sách moch, mar ba ghnách. Bhíodh orthu dul a chodladh sách moch gach

27

unless she wanted to. And to-night she was crosser than ever, for she and Ciarán had been elephants all the evening, and doesn't everyone know that no real elephant likes to be told: Go to bed, children, it's getting late?

And now she lay in bed beside Ciarán, and wished she were grown up. It was getting dark outside the windows. The sun was going down behind the mountains, and the room was full of dim golden lights and of queer, long shadows. A bird was singing somewhere, and Máire thought its song was wonderful. Another bird answered it presently, and the darkening room was filled with music. Before long a faint silver light began to gleam, and Máire saw that there was a big round moon looking at her through the window. She glanced down at Ciarán. He was fast asleep. A strange feeling came on her . . . maybe it was the moon that was looking so solemnly at her. Maybe it was the music of the birds. At any rate, she sat up in bed suddenly, and peered into the shadows of the room. Yes, she was sure it was the bird's song. It was the sweetest sound she had ever heard, and it seemed to her now like a low sad piping, now like water running over stones, now like distant silver bells. She thought what a grand thing it would be to be a bird, perching on some swaying branch and making such wonderful music. . . . She looked up at the moon and, as she looked, she saw that a big black cat was seated on the window-sill gazing at her. She hadn't noticed him before that, and he startled her. For he looked so enormous and so black, and his eyes were like two green lamps in the dusk. But then she saw that it was

oíche, agus chuireadh sé seo an-fhearg orthu, na créatúirí, ar Mháire go háirithe, óir cheap sí go raibh sí i bhfad ró-shean le dul a chodladh ar chor ar bith agus gan an fonn uirthi chuige. Agus anocht bhí sí ní ba chrosta ná riamh, óir bhí sise is Ciarán ina n-eilifintí ar feadh an tráthnóna, agus nach bhfuil a fhios ag an saol nach maith le haon fhíor-eilifintí duine á rá leis: Téigí a chodladh, a pháistí, tá sé ag éirí déanach?

Agus anois bhí sí ina luí sa leaba le hais Chiaráin, agus í ag déanamh trua nach raibh sí ina bean fhásta. Bhí sé ag éirí dorcha taobh amuigh dena fuinneoga. Bhí an ghrian ag dul faoi ar chúl na sléibhte, agus bhí an seomra lán de shoilse doiléire órga is de scáileanna fada aisteacha. Bhí éan ag canadh in áit éigin, agus b'iontach le Máire a amhrán. D'fhreagair éan eile é ar ball, agus líonadh an seomra dubhach le ceol. Ba ghearr gur thosaigh solas fann airgeadúil ag glinniúint agus chonaic Máire go raibh gealach mhór chruinn ag dearcadh isteach tríd an fhuinneog uirthi. D'fhéach sí síos ar Chiarán. Bhí sé ina shámh-chodladh. Tháinig mothú aisteach uirthi . . . b'fhéidir gurb í an ghealach a bhí ag breathnú chomh sollúnta uirthi faoi deara é. B'fhéidir gurb é ceol na n-éan faoi deara é. Ar chaoi ar bith, d'ardaigh sí í féin sa leaba go hobann, agus bhreathnaigh isteach i scáileanna an tseomra. Sea, bhí sí cinnte gurb é amhrán na n-éan faoi deara é. B'í an fhuaim ba bhinne dar chuala sí riamh, agus chonacthas di gurb é a bhí ann, píobaireacht íseal bhrónach, nó uisce ag rith le fána thar chlocha, nó cluigíní airgeadúla i gcéin. Cheap sí go mba bhreá an rud é bheith ina héan, ina suí ar chraobh luascach éigin, agus í ag déanamh an cheoil iontaigh úd. . . . Dhearc sí suas ar an ngealach, agus má dhearc, chonaic sí an cat mór dubh ina shuí ar thairseach na fuinneoige, agus é ag cur na súl trithi. Níor thug sí faoi deara roimhe sin é, agus bhain sé

only Soot, and she laughed.

—Why, I thought you were a - a person! she said, and then she went on, almost as though she were talking to herself:

—I wish - oh, I do wish I could go out when it's dark. Everything looks so exciting outside. Oh! if I were only able to get out of this old bed and - and out of the window!

—Why don't you do it so? said Soot carelessly.

Máire started for the second time that night.

—Oh! said she, you can speak! You - you know how to talk.

—Talk? said Soot. Indeed I can talk. I can do several

geit aisti. Óir ba dhubh dorcha agus ba mhór millteach an chosúlacht a bhí air, agus ba gheall le dhá lampa uaine san teimheal a shúile. Ach ansin thuig sí nach raibh ann ach Súiche, agus rinne sí gáire.

—Mhuise! shíl mé gur duine a bhí ionat! ar sise, agus ansin lean sí uirthi, amhail is dá mbeadh sí ag caint léi féin:

—Ba mhaith liom - ó ba bhreá liom bheith in ann dul amach agus an dorchadas ann. Tá gach uile rud ag féachaint chomh . . . chomh haisteach sin taobh amuigh. Ó! dá mbeinn ábalta éirí as an sean-leaba seo agus - agus amach tríd an fhuinneog!

—Cad chuige nach ndéanann tú é, mar sin? arsa Súiche go neafaiseach.

Gheit Máire don dara huair an oíche sin.

other things too, he went on modestly. But never mind that. I don't wish to surprise you too much - at first, you know.

—Oh, said Máire. She was too surprised already to say anything more sensible. Oh, said she.

—Well, said the cat after a time, why are you not asleep?

—Because I'm awake, I suppose, answered Máire, and then she remembered her manners. I couldn't go to sleep, she said, I was listening to the bird's music.

—Bird's music! said the cat, twitching his whiskers, and trying not to smile. It's no bird that's making that music, foolish child. That is - but no matter. Tell me, and he jumped on to the bed, would you really like to go out?

—Oh, I'd love it! But . . .

—Never mind 'but,' said Soot. If you really want to go out, why do you not come with me?

—Ora! Wouldn't it be grand . . . but I can't! It's almost dark, and then . . .

—The darkness is just the time for a journey. Now, get out of that bed, and come along.

Máire was so pleased that she could only clap her hands together, and make a queer squeaky noise with her lips.

—How heavenly! she called out presently. It's an adventure - a real adventure! But, Soot, there's Ciarán, and I'm sure he'd like to come, too. . . .

—Then we'll wake him, said Soot promptly.

—Oh, Ciarán, wake up! said Máire, shaking her brother by the shoulders, and giving his ears a good

—Ó! ar sise. Tá urlabhra agat! Tig leat - tig leat caint a dhéanamh!

—Caint, an ea? arsa, Súiche. Go deimhin tá mé in ann labhairt. Tig liom mórán rudaí eile a dhéanamh freisin, ar seisean go humhal. Ach ná bac leis sin. Ní mian liom an iomarca iontais a chur ort - i dtosach, tá fhios agat.

—Ó, arsa Máire. Bhí an iomarca iontais uirthi cheana féin le tuilleadh a rá. Ó, ar sise.

—Sea, arsa an cat tar éis tamaill. Cad chuige nach bhfuil tú id' chodladh?

—Ós rud é go bhfuilim im' dhúiseacht, is dócha, d'fhreagair Máire, agus ansin chuimhnigh sí ar a cuid béas.

—Níor fhéadas dul a chodladh, ar sise. Bhí mé ag éisteacht le ceol na n-éan.

—Ceol na n-éan! arsa an cat, ag baint creatha as a chroiméal agus ag iarraidh gan meangadh a dhéanamh. Ní haon éan atá ag déanamh an cheoil úd, a linbh amadánta. 'Séard atá ann - ach is cuma sin. Inis dom, agus léim sé anuas ar an leaba, ar mhaith leat dul amach dáiríre?

—Ó ba bhreá liom é! Ach . . .

—Ná bac le 'ach', arsa Súiche. Más mian leat dul amach dáiríre, cad chuige nach dtagann tú liomsa?

—Óra! Nach mbeadh sé álainn . . . ach ní féidir liom! Tá sé beagnach dorcha, agus ansin . . .

—An dorchadas an t-am is fearr le turas a dhéanamh. Anois, éirigh as an leaba sin, is téanam ort. Bhí an oiread sin áthais ar Mháire nárbh' fhéidir léi ach a bosa a bhualadh le chéile agus fuaim ait ghiongach a dhéanamh lena pusa.

—Nach ró-aoibhinn é! ar sise de ghuth ard. Eachtra atá ann - fíor-eachtra! Ach a Shúiche - tá Ciarán anseo, agus tá mé cinnte go mba mhaith leissean teacht freisin.

pinch. Listen - what do you think? Soot can talk, and he's here now, and it's not the birds that are making the music, and he can do thousands of other things, too, only that he doesn't want to surprise us too much at first, and . . .

—Have manners, said Soot sternly. I'll tell him all about myself.

And then Ciarán woke up properly, and started to cry, because he was frightened by hearing Soot's talk.

—Ah, be quiet, cried poor Máire. Mama'll hear you, and all the fun'll be spoiled on us. Whisper now - what do you think? Soot's a faery. . . .

But Soot knew the best way to pacify Ciarán. He said:

—Dúiseoimid é, mar sin, arsa Súiche láithreach bonn.

—Ó, a Chiaráin, dúisigh! arsa Máire, agus í ag creathadh shlinneán a dearthár agus ag baint miotóg móra as a chluasa. Éist - a leithéid seo - tá urlabhra ag Súiche, is tá sé anseo anois féin, agus ní hiad na héin atá ag déanamh an cheoil, is tig leis na mílte rudaí eile a dhéanamh freisin, ach is amhlaidh nach mian leis an iomarca iontais a chur orainn i dtosach, agus . . .

—Bíodh béas agat! arsa Súiche go húdarásach. Inseoidh mise gach uile rud fúm féin dó.

Agus ansin dhúisigh Ciarán i gceart agus ghabh air ag caoineadh toisc go raibh faitíos air Súiche a bheith ag caint.

—Ara, bí id' thost! arsa Máire bhocht. Cloisfidh Mama tú agus millfear an greann ar fad orainn. Cogar

—Ciarán O'Farrell, listen to me. Would you like to see something wonderful?

Ciarán did nothing but stare at him, and he didn't say a word.

—Would you? said Soot again.

—I would, cried Máire at the top of her voice. Oh, Soot, what is it?

Ciarán put his thumb in his mouth, and said not a syllable, but his eyes were very bright, and he was listening intently.

—Never mind what it is, but get up, said the cat. And you, too, he went on to Ciarán.

Ciarán's courage came back to him. His fear and his shyness vanished. He jumped up, and started to leap up and down on the bed, calling out:

—Hurry, hurry! What are we going to see? Where are we going? Are we - ?

—The first thing we have to do, said Soot slowly, is to fly out of the window.

The children opened their mouths wide. Ciarán stopped jumping on the bed.

—Fly! said he at the top of his voice.

—Fly! squealed Máire. But we can't.

—Very well, said Soot, very haughtily. In to bed with you again, so.

—Ah no! said Máire. Don't be cross.

—Well, listen to me then. Of course, I know you can't fly. But it happens that I can. Now, you must get up on my back.

—But we're too big, said Ciarán, with his thumb in his mouth, and his eyes as round as two plates.

anois - an gcreidfeá uaim é? Sióg is ea Súiche.

Ach bhí a fhios ag Súiche cén chaoi ab fhearr chun sólás a thabhairt do Chiarán. Dúirt sé:

—A Chiaráin Uí Fhearaíl, éist liomsa. Ar mhaith leat rud iontach éigin a fheiceáil?

Ní dhearna Ciarán ach na súile a chur tríd agus gan smid as.

—Ar mhaith leat? arsa Súiche arís.

—Ba mhaith liomsa! arsa Máire in ard a gutha. Ó, a Shúiche — céard é féin ar chor ar bith?

Chuir Ciarán a ordóg ina bhéal agus ní dúirt tada, ach bhí a shúile iontach geal agus cluas le héisteacht air.

—Ná bac le céard é féin, ach éirigh, arsa Súiche. Agus tú féin chomh maith, ar seisean le Ciarán.

Tháinig a mhisneach chuig Ciarán arís. Phreab sé ina sheasamh agus thosaigh air ag léim suas is anuas ar an leaba, agus gach liú áthais as.

—Deifir, deifir! ar seisean.

—Céard a bheidh le feiceáil againn? Cá mbeidh ár dtriall? An mbeimíd -?

—'Sé an chéad rud a bheidh le déanamh againn, arsa Súiche go mall, ná eitilt tríd an fhuinneog.

Leath a súile ar na páistí. Stad Ciarán de bheith ag léim ar an leaba.

—Eitilt! ar seisean de ghlór ard.

—Eitilt! arsa Máire ina seanbhéic. Ach ní féidir linn!

—Tá go maith, arsa an cat go han-uaibhreach. Isteach libh sa leaba arís, mar sin.

—Á, ná habair é! arsa Máire. Ná bí crosta linn anois.

—Sea, éistigí liomsa mar sin. Dar ndóigh nach bhfuil a fhios agam nach féidir libhse eitilt? Ach is amhlaidh gur féidir liomsa. Anois, caithfidh sibhse dul in airde ar mo dhroim.

—Ach táimíd ró-mhór, arsa Ciarán, agus a ordóg ina

—Don't suck your thumb, child, said Soot, trying to look very proud. You are *not* too big. Up you get now - unless, of course, you don't want an adventure.

—What's that? whispered Ciarán to his sister.

—Something lovely, she whispered back.

—Hurry up, said the cat. . . .

How they did it they never were quite sure but, at all events, in another minute they were sitting quite comfortably on their friend's broad furry back - Ciarán in front, holding on to his ears, and Máire behind, with a good grip on Ciarán.

—Now, if you're ready, said Soot's voice, I'm going to say magic words. . . .

They waited breathlessly, expecting to hear something very weird and awful. But all they heard was a soft, lazy purring, and then the following words:

—*ONE - TWO - THREE!* and up they flew into the air; the window swung open, and they floated out into the night.

They dropped down through the twilight at first, flying so low that they could smell the fragrance of flowers and dewy grass in the garden, and they almost touched the low stone wall that surrounded it as they skimmed over. Then they started to rise slowly, to rise towards the stars. For it was almost dark by now, and there were stars shining here and there in the sky, and the moon throwing a pale light over everything. It was grand to be out in the night so late, thought the children, on such an adventure, too! They looked down, and saw the earth, dark and mysterious, beneath them; they saw roads that were like twisting silver ribbons, and fields

bhéal aige, agus a shúile chomh mór cruinn le dhá phláta.

—Ná súigh t'ordóg, a linbh, arsa Súiche, ag iarraidh dreach an-mhórtasach a chur air féin. Níl sibh ró-mhór. Suas libh anois - muna dteastaíonn eachtra uaibh, dar ndóigh . . .

—Eacht'a . . . céard é sin? arsa Ciarán i gcogar lena dheirfiúr.

—Rud aoibhinn éigin, ar sise i gcogar eile.

—Brostaígí oraibh, arsa an cat. . . .

Faoin chaoi a ndearna siad é ní rabhadar cinnte riamh, ach ar chaoi ar bith, ba ghearr go raibh siad araon ina suí go seascair compórdach ar dhroim leathan lomrach a gcarad, Ciarán os cóir a dheirféar agus greim aige ar chluasa an chait, Máire ar a chúl agus greim mhaith aici ar Chiarán.

—Anois, má tá sibh ullamh, arsa glór Shúiche, tá mé chun focail draíochta a rá.

D'fhanadar, agus iad i ndeire anála, ag súil le rud an-uamhnach an-áibhéil a chloisteáil. Ach mar sin féin níor chuala siad ach crónán bog leisciúil, agus ansin na focail seo a leanas:

A hAON – A DÓ – A TRÍ! agus as go bráth leo, suas san aer, luascadh na fuinneoige ar oscailt, agus siúd ar snámh iad amach san oíche.

Síos leo tríd an gclapsholas i dtosach, agus iad ag eitilt chomh híseal sin gurb fhéidir dóibh cumhracht bláth is féar drúchta an gháirdín a bholú, agus dóbair dóibh teagmháil leis an mballa íseal cloiche a bhí timpeall an gháirdín agus iad ag scimeáil os a chionn. Ansin thosaigh siad ag éirí, ag éirí i dtreo na réaltaí. Óir bhí sé beagnach dorcha faoin am seo, agus bhí réaltóga ag spréacharach anseo is ansiúd sa spéir, agus an ghealach ag caitheamh solais liathbháin ar gach uile ní. Ba bhreá an rud é bheith taobh amuigh faoin spéir chomh deireannach, dar leis na

that were like dim green patches, and bogs that were like purple veils. The air was very fresh and scented; it ran past them laughing in the darkness; it whistled in Ciarán's ears, and played with Máire's hair, and both the children laughed, too, and called out: Faster! Faster!

They flew over villages where there were candles and lamps lighted in the windows of the houses; and over woods, where the branches were making a soft leafy music; and over great cities, where they could see flashing lights, and long, gay streets crowded with people, and sad, dirty back streets, and black, crooked bridges over rivers that were full of stars; and there was a great noise of trams and trains, and of bells and

páistí, agus a leithéid d'eachtra ar bun acu! Bhreathnaigh siad síos uathu agus chonaic siad an talamh go dubhach diamhair thíos futhu; chonaic siad bóithre a bhí cosúil le ribíní lúbacha airgid, agus páirceanna a bhí cosúil le paistí doiléire glasa, agus portaigh a bhí cosúil le bratacha corcra. Bhí an t-aer an-úr an-chumhra; bhí sé ag rith tharstu agus é ag gáire san dorchadas, ag feadaíl i gcluasa Chiaráin, ag déanamh mór le gruaig Mháire; agus rinne na leanaí araon gáire freisin, agus ghlaoigh amach: Níos mire! Níos mire!

D'eitil siad thar shráidbhailte a raibh coinnlí is lampaí ar lasadh i bhfuinneoga na dtithe; agus thar choillte ina raibh ceol bog duilleogach á dhéanamh ag na craobhacha; agus thar chathracha móra mar a raibh soilse tintrí le feiceáil acu, agus sráideanna fada gliondracha a bhí

machinery. Presently they were out in the country again, and when they looked down they saw big, tall mountains, and long, winding roads, and a little gleaming lake.

—That's where we're going, said Soot, and then Máire and Ciarán felt that they were descending towards the earth. It was not long till Soot spoke again.

—Listen, now, he said. To-night is a very important night, and *they* will be dancing. . . .

—*They?* Is it the . . .

—The Good People.

—The Good People! cried Máire, and she and Ciarán had to grasp Soot very tight for fear they'd fall, they were so pleased.

—The Good People, said the cat. I am to be there . . . h'm! as an Honorary Guest . . . if you understand such talk. I knew you would like to see the dancing, so I brought you. But you must be careful. Very careful.

—Why? asked Ciarán.

—Because . . . if you were to get lost, and if I were not with you . . .

—Yes?

—Maybe - maybe the Toadstools would come . . .

—Ugh! But what . . . ?

But Soot closed his two lips firmly together and said no more. He continued to fly towards earth. Máire said:

—Oh, Soot, please tell us all about it. Are the Toadstools bad, wicked?

—The Black Ones are - very wicked, said Soot in a terrible voice.

He said no more just then, and soon they alighted on a

lán de dhaoine, agus cúlsráideanna brónacha salacha agus droichid dubha chama os cionn abhann a bhí lán de réaltaí; agus bhí torann mór tram is traenach, agus clog is meaisíní le cloisteáil. Ar ball bhí siad amuigh faoin tuath arís, agus ar fhéachaint síos uathu dóibh, chonaic siad sléibhte móra arda, agus bóithre fada seachránacha, agus loch beag gléineach.

—Sín í an áit a bhfuil ár dtriall uirthi, arsa an cat, agus ansin mhothaigh Máire is Ciarán go rabhadar ag eitilt síos chun na talún. Níorbh' fhada gur labhair Súiche arís.

—Éistigí anois, ar seisean. Oíche an-thábhachtach atá ann anocht, agus beidh *siadsan* ag rince. . . .

—*Siadsan?* An iad . . .

—Na Daoine Maithe.

—Na Daoine Maithe! arsa Máire, agus b'éigin dise is do Chiarán greim an-láidir a choinneáil ar Shúiche ar eagla go dtitfidís, bhí siad chomh ríméadach sin.

—Na Daoine Maithe, arsa an cat. Tá mise le bheith ann . . . ahum! mar Aoi Onórach . . . má thuigeann sibh a leithéid de chaint. Bhí a fhios agam go mba mhaith libh na damhsaí a fheiceáil, agus ar an ábhar sin, thug mé liom sibh. Ach ní mór díbh bheith cúramach. Go han-chúramach.

—Cad chuige? arsa Ciarán.

—Mar . . . dá rachadh sibh ar strae, agus dá mba rud é nach raibh mise in éineacht libh . . .

—Sea?

—B'fhéidir - b'fhéidir go dtiocfadh na Púcaí Peill . . .

—Uch! Ach céard . . .?

Ach dhún Súiche a bheola go dlúth ar a chéile agus ní dúirt a thuilleadh. Lean sé air ag eitilt i dtreo na talún. Arsa Máire:

—Ó, a Shúiche, inis an scéal dúinn! An amhlaidh atá na Púcaí Peill olc, coirpeach?

little heathery hill, and Máire and Ciarán were so excited that they forgot the cat's dark words about wicked Toadstools, and looked delightedly about them.

It was a grand place. They saw winding roads, and dark hills, and great grey rocks, and the moon was shining brightly over everything, and the sky was like a vast blue mantle filled with stars. The lake in front of them was glimmering and glowing like thousands of precious stones; the night air was still and warm. It was very quiet. . . .

—Listen, said Máire presently. The birds again!

For a soft, low music had begun somewhere - it seemed to be coming from the direction of the lake. It rose and fell like the waves of the sea. It was sad and merry, like the voice of the wind.

—It's made of silver, said Ciarán softly.

—It's like hundreds of little bells, whispered Máire.

Soot didn't contradict them. Maybe he was thinking of other things. Indeed, the children had almost forgotten him. They waited motionless on that little hill under the stars.

The music grew louder. The waters of the lake began to tremble.

—Something's going to happen, said Máire.

And then . . . they saw that there was movement at the edge of the lake. At first it seemed only like stars, or little pale lights, moving slowly here and there. The children watched carefully, without a word. The lights were very small and brilliant. They moved slowly and proudly first, like ladies in some old dance, but as the music grew louder they began to dance, to rise in the air

44

—Tá na Cinn Dubha - an-choirpeach, arsa Súiche de
ghlór uamhnach. Ní dúirt sé a thuilleadh ansin, agus
thuirling siad ar chnuicín fraoigh gan mórán achair, agus
bhí Máire is Ciarán chomh corraithe sin go ndearna siad
dearmad ar fhocail dubhacha an chait i dtaobh Púcaí
Peill olca, agus dhearc siad ina dtimpeall agus aoibhneas
an domhain orthu.

Ba bhreá an áit í. Chonaic siad bóithre loma lúbacha
agus cnuic arda dhubhacha agus carraigeacha móra
glasa, agus bhí an ghealach ag taitneamh go geal ar a
raibh thart orthu, agus ba gheall le fallaing mhór ghorm
an spéir, agus í líonta le réaltóga. An loch a bhí os a gcóir
amach bhí sé ag glinniúint is ag lonnradh mar a bheadh
na mílte cloch uasal ann, bhí aer na hoíche socair teasaí.
Bhí sé an-chiúin. . . .

—Éist, arsa Máire tar éis tamaill. Na héin arís!

Óir bhí ceol bog íseal á sheinm in áit éigin - chonacthas
dóibh gurb ó threo an locha a bhí sé ag teacht. Bhí sé ag
ardú is ag ísliú ar nós tonnta na mara. Bhí sé dólásach
meidhreach ar nós ghlór na gaoithe.

—Tá sé déanta d'airgead, arsa Ciarán de ghuth íseal.

—Tá sé cosúil leis na mílte clog bídeacha, arsa Máire.

Níor chuir Súiche ina n-aghaidh. B'fhéidir go raibh sé
ag machnamh ar rudaí eile. Go deimhin, is ar éigin a
chuimhnigh na páistí ar é a bheith ann ar chor ar bith.
D'fhanadar ar an gcnuicín úd faoina réalta agus gan cor
ná car astu.

Chuaigh an ceol i méid. Thosaigh uisce an locha ag
crith.

—Tá rud éigin ar tí titim amach, arsa Máire.

Agus ansin . . . chonaic siad go rabhthas ag gluaiseacht
ar bhruach an locha. Ní raibh ann i dtosach, dar leo, ach
réaltaí nó soilse beaga liathbhána ag gluaiseacht go mall
anseo is ansiúd. Ní dúirt na páistí tada, ach iad ag

and fall again, to run and leap. Some of them flew over
the lake, like flashes of coloured fire. The whole place
was a glow of many-coloured lights. And the music!
You would think that all the winds in the world were
singing among branches of gold and silver, and that all
the harps in Ireland were being played by faery fingers.
The night was filled with sound.

—Look! Look! cried Máire. They're flying up. And
- they're people! Little people!

Sure enough, the many-coloured lights were flying
up from the middle of the lake. And - yes, they were
people, there was no doubt about that. There were
faery-women, with long gleaming hair and bright

breathnú ar an radharc seo go fíor-chúramach. Bhí na
soilse go han-bheag is go han-lonrach. Bhí siad ag
gluaiseacht go mall maorga i dtosach mar a bheadh mná
uaisle agus sean-damhsa éigin ar siúl acu, ach de réir mar
a tháinig borradh is fuinneamh sa cheol, thosaigh siad ag
rince, ag éirí suas san aer agus ag titim anuas le fána, ag
rith is ag léim. Bhí cuid acu ag eitilt os cionn an locha
mar a bheadh splancacha tine daite ann. Bhí an áit
iomlán ina laom geal de sholas ildathach. Agus an ceol!
Cheapfá a raibh de ghaotha sa domhan a bheith ag
canadh i measc craobh óir is airgid, agus a raibh de
chláirseacha in Éirinn a bheith á seinm ag méara Sí. Bhí
an oíche líonta le fuaim.

—Féach! Féach! arsa Máire. Tá siad ag eitilt suas.
Agus - is daoine iad! Daoine Beaga!

wings; there were faery-men, with crowns of fire and shining eyes; there were queer misshapen sprites, with little lanterns in their hands and caps of red on their heads. They flew upwards, this strange airy host, up towards the moon. Máire and Ciarán watched them as they circled round in the sky, and it seemed to them that some of them were losing themselves in the moon, in the great shining circle of the moon!

But was it the moon? The children fancied that it was the Little People themselves - thousands and thousands of them - who were making the light. And Máire turned to Ciarán.

—There wasn't any moon at all last night, said she. Why is it full to-night?

—It's the Faery People! said Ciarán. That's their real dance, that light up there.

And then they saw that the ring of light they had thought to be the moon was whirling round and round like a wheel of fire, and that it was growing larger and larger. How long did they spend looking at the wild dances and the wheel of many-coloured lights? How long did they stay listening to the music? They did not know they were enchanted, bewitched. They forgot everything else in the world but the circles of whirling fire and the sweet, wild music. They did not notice how the stars were trooping across the sky; they did not see the first streak of the dawn whitening over the mountains, or the lake shivering under the breeze. . . .

—What's that? said Máire suddenly.

They pricked up their ears. They heard a new sound that broke in on the music and seemed to destroy its

Cinnte bhí na soilse ildathacha ag eitilt suas ó lár an locha. Agus - sea, is daoine a bhí iontu, ní raibh aon amhras faoi sin. Bhí símhná ann agus gruaig fhada lonrach orthu agus sciatháin gheala. Bhí fir sí ann agus corónacha tine orthu agus a súile go laomtha ina gcinn, bhí aeróga aite míchumtha ann agus lóchrainn bheaga ar iompar acu agus caipíní dearga ar a gcinn. Suas leo, leis an slua éagsúil aerach seo, suas leo chuig an ghealach. Bhí Máire is Ciarán ag breathnú orthu agus iad ag dul timpeall thuas sna spéartha, agus chonacthas dóibh go raibh cuid díobh á gcailliúint féin sa ghealach, i bhfáinne mór soilseach na gealaí.

Ach arbh í an ghealach í? Chonacthas do na leanaí gurb iad na Daoine Beaga féin - na mílte mílte acu - a bhí ag déanamh an tsolais. Agus d'iompaigh Máire chuig Ciarán.

—Ní raibh aon ghealach ann ar chor ar bith aréir, ar sise. Cad chuige í a bheith lán anocht?

—Na Daoine Sí atá ann! arsa Ciarán. 'Sé sin a bhfíordhamhsa, an solas úd thuas.

Agus ansin chonaic siad go raibh an fáinne solais, ar shíleadar gurb í an ghealach a bhí ann, ag casadh timpeall mar a bheadh roth tine ann, agus é ag dul i méid ó nóiméad go nóiméad eile. Cén fhaid a chaitheadar ag féachaint ar na damhsaí fiáine agus ar an roth de sholas ildathach? Cén fhaid a d'fhanadar ag éisteacht leis an gceol? Níorbh eol dóibh. Bhí siad faoi aoibhneas, faoi dhraíocht. Rinneadar dearmad ar gach uile rud ar an domhan seachas na ciorcail de shoilse guairneacha agus an ceol binn fiáin. Níor thugadar faoi deara go raibh na réaltaí ag imeacht leo trasna na spéire; ní fhacadar an chéad-stiall d'fháinne an lae ag bánú os cionn na sléibhte ná an loch ag crith faoin leoithne. . . .

—Céard é sin? arsa Máire go tobann.

sweetness. It was a queer sound. An ugly sound. A sound as though something was stealthily approaching them. Ciarán glanced round him.

—Oh Máire! Máire! he said. 'Tis Toadstools!

Máire turned on her heel. She gave a little scream. For what she saw was enough to frighten any little girl who would be out under the stars and the cold darkness in such a lonely place, with only her white nightgown on her, and no company at all but her little brother clinging to her in terror.

A host of Toadstools was coming towards them down the road by their side. They seemed like big umbrellas marching solemnly along, and didn't they look terrible! The sound they made was like the sound of drums being beaten far away, or like the sound you'd hear in a great forest before a thunderstorm - a queer, fearful, ominous sound. But if their sound was awful, their appearance was seven times worse. For the children both remembered the words of Soot as they flew through the air on his back: The black ones are - very wicked. And these Toadstools that were approaching them were black - indeed, they were very black.

—Soot! Soot! cried the children loudly. They looked round them. Soot was gone!

They were in a terrible plight now. The poor children! What could they do? Ciarán began to sob and cry, and Máire tried to pacify him, but what was the use? She put her arms round him and told him to be brave. But she was full of fear herself, and everything seemed terrible and hostile to her. She looked up and saw that the great round light which had been shining in

Chuir siad cluas orthu féin. Chuala siad torann nua, torann a bhris isteach ar an gceol agus a mhill a bhinneas. Torann ait a bhí ann. Torann gránna. Torann mar a bheifí ag druidim leo go haireach fíor-thostach. Dhearc Ciarán ina thimpeall.

—Ó 'Mháire! 'Mháire! ar seisean. Púcaí Peill atá ann!

D'iompaigh Máire ar a sáil. Lig sí scread beag. Óir, an rud a chonaic sí, ba leor é le faitíos a chur ar aon ghearrchaile ar bith a bheadh amuigh faoi na réaltaí is an dorchadas fuar ina leithéid d'áit uaigneach agus gan uirthi ach a gúna bán codlata, agus gan de chomhluadar aici ach a deartháirín agus é i ngreim uirthi le teann faitíosa.

Bhí slua Púcaí Peill ag teacht chucu anuas an bóthar a bhí lena taobh. Bhí cosúlacht scáth mhór fearthainne orthu agus iad go sollúnta ag siúl ar aghaidh, agus nach orthu a bhí an dreach uafásach! An torann a rinne siad, ba gheall le torann drumaí á mbualadh i gcéin é, nó leis an torann a chloisfeá i bhforaois mhór roimh stoirm tóirní - torann aisteach uamhnach bagarthach. Ach más uafásach a bhí a dtorann, is seacht measa ná sin a bhí a gcosúlacht. Óir chuimhnigh na leanaí araon ar chaint Shúiche agus iad ag eitilt tríd an aer ar a dhruim: Tá na Cinn Dubha - an-olc. Agus na Púcaí Peill seo a bhí ag druidim leo anois bhí siad dubh - go deimhin, bhí siad an-dubh.

—A Shúiche! A Shúiche! arsa na páistí ag glaoch go hard. Bhreathnaigh siad ina dtimpeall. Bhí Súiche imithe!

Bhí siad i bponc millteach anois. Na páistí bochta! Céard a bhí le déanamh acu? Ghabh Ciarán air ag gol is ag caoineadh, agus shíl Máire é a shásamh, ach, ar ndóigh, cén maitheas a bhí ann? Thóg sí ina baclainn é agus dúirt leis misneach a ghlacadh. Ach bhí sí féin lán

the sky was vanishing - the pale dancing lights were whirling all over the sky, and their strength and glow faded accordingly as the glow and strength of the dawn grew and grew. The music had ended, too. The Faeries then were leaving them! The Toadstools had dispersed and scattered them - what else could it be?

—Oh, Ciarán, said Máire, what'll we do? What'll we do at all?

Thud, thud, thud. The Toadstools were drawing nearer. Máire looked at them, half-dead with terror. They had left the road by this time, and were moving over the stones and the heather in the direction of the children.

They were at the foot of the little hill. Thud, thud,

d'eagla agus b'uafar eascáirdiúil léi gach uile ní. D'amhairc sí suas uaithi agus ba léir go raibh an solas mór cruinn a bhí ar an spéir roimhe sin ag imeacht as radharc orthu - bhí na soilse liathbhána ag reathaíocht le fána ar fud na spéire agus bhí a lonrú ag dul i laige de réir mar a bhí borradh ag teacht i lonrú fháinne an lae. Bhí deire leis an gceol chomh maith. Bhí na Sióga á bhfágáil mar sin! Na Púcaí Peill a chuir an ruaig orthu - cad eile?

—Ó, a Chiaráin, arsa Máire. Céard a dhéanfaimid? Céard a dhéanfaimid ar chor ar bith?

Tud, tud, tud. Ag síor-dhruidim leo a bhí na Púcaí Peill. Bhreathnaigh Máire orthu agus í leath-mharbh le neart scanraidh. Bhí an bóthar fágtha ina ndiaidh acu faoin am seo agus iad ag gluaiseacht leo thar na clocha is

thud. They were quite near them now, these terrible black things. They had no faces, no eyes, no mouth, no nose, and, of course, that made them look seven times worse. They were nearly on to the children now . . . but, suddenly, a new idea sprang into Máire's brain. She caught hold of Ciarán's hand.

—Run! said she at the top of her voice, and the children were off at top speed, with the Toadstools after them.

It was a terrible chase. They ran, and ran, and ran. Once Máire stumbled over a big grey stone and fell, and she almost turned her ankle. Another time Ciarán tore his nightshirt on a twisted thorn tree that was growing by a high stone wall over which they were climbing. On they went, though, and the wind of dawn whistling in their ears, and the white stars fading out of the sky.

—I - can't - go - any - further, said Ciarán presently.

—But - what -, began Máire.

She glanced over her shoulder. My grief! The Toadstools were almost on to them! She screamed. The root of an old tree caused her to stumble. She fell. But even as she fell she heard a voice. A voice that she knew. A cat-like voice.

—Hurry! said the voice. I'm here!

She looked up. Sure enough, who should be in front of her sitting under the shadow of a faery-thorn, with his eyes like two live coals in his head, but Soot. Ciarán gave a shout of joy and sprang on to his back like a flash. Máire scrambled to her feet as well and jumped. . . .

Ugh! She felt something cold and slippery touching her as she gave that jump. It was a Toadstool - the

thar an fraoch i dtreo na leanaí.

Bhí siad ag bun an chnuicín. Tud, tud, tud. Bhí siad in aice leo anois, na rudaí dubha uafásacha seo. Bhí siad gan aghaidh, gan súile, gan bhéal, gan srón, agus dar ndóigh, ba mheasa faoi seacht an chosúlacht a chuir sé sin orthu. Bhí siad ag teagmháil leis na páistí faoi seo, nach mór . . . ach, de gheit mhór phreab smaoineamh nua isteach in intinn Mháire. Bheir sí ar láimh ar Chiarán.

—Rith! ar sise chomh hard is a bhí inti, agus siúd chun reatha leis an mbeirt pháiste agus na Púcaí Peill ina ndiaidh.

B'uafásach an tóraíocht í. Bhí siad ag rith is ag rith is ag síor-rith. Aon uair amháin thuisligh Máire thar chloch mhór ghlas agus thit ar an talamh agus dóbair di a halt a chasadh. Uair eile stróic Ciarán a léine oíche ar sceach chasta a bhí ag fás le hais bhalla ard cloiche a rabhadar ag strapadóireacht thairis. Ar aghaidh leo, ámh, agus gaoth an mhochthráta ag feadaíl ina gcluasa, agus na réalta bána ag imeacht as an spéir.

—Ní - thig - liom - dul - níos - faide, arsa Ciarán tar éis scathaimh.

—Ach - céard -, thosaigh Máire ag rá.

Bhreathnaigh sí thar a gualainn. Mo chreach! Bhí na Púcaí Peill suas leo beagnach! Lig sí scread. Bhain fréamh sean-chrainn tuisle aisti. Thit sí. Ach ar thitim di, chuala sí an guth. Guth a raibh aithne aici air. Guth catúil.

—Deifir! arsa an guth. Tá mise anseo!

Dhearc sí suas uaithi. Cinnte go leor, cé bheadh os a cóir amach, ina shuí faoi scáth sceiche sí, agus a dhá shúil mar a bheadh dhá sméaróid ina cheann, ach Súiche! Chuir Ciarán liú áthais as agus phreab in airde ar a dhruim ar an bpointe. D'éirigh Máire ina seasamh chomh maith agus léim. . . .

biggest and blackest of them all. . . . But there was no
time for them to think. Soot rose in the air; he cleaved
the wind like an arrow. Away with him, with Ciarán
and Máire holding tightly to his comforting black fur.
And didn't they shout and call when they looked down
and saw the Toadstools rushing wildly here and there,
madly angry, and screeching with rage and disappoint-
ment; for Toadstools are not able to fly. . . .

—You soft, foolish children, said Soot when they
were high up in the sky, which was filling by now with
the broken lights of the dawn. You senseless, reasonless
children, said he; and though the words were harsh, the
voice was quite friendly. Why did you not stay with me?

—But where were you? said they both.

—Where was I, is it? And Soot turned his head and
smiled mysteriously.

—Well, said he, I must confess that I left you for a
time. I had to be present at the Faery Court, you see. As
I told you before, last night was a special night, an
important night. . . . But when I came back to the hill
where I'd left you, you were gone! I spent a long time
looking for you, and at long last - I found you, with the
Toadstools after you. What happened to you at all?

Máire and Ciarán told all their adventures to Soot.
He listened patiently without a word, but presently,
when they were finished, he nodded his head very
wisely and said:

—Yes, they bewitched you. That was why you didn't
notice the time slipping by; that was why you didn't
notice that you had strayed far away from the hill. . . .

—Bewitched? But who bewitched us? asked Máire.

—Uch! Mhothaigh sí rud fuar sleamhain éigin ag
baint léi agus í ag caitheamh na léime sin. Púca Peill a bhí
ann - an ceann ba mhó is ba dhuibhe dá raibh ann. . . .
Ach ní raibh aon aga aici le machnamh a dhéanamh.
D'éirigh Súiche san aer, scoilt sé an ghaoth ar nós
saighde. As go bráth leis agus Ciarán is Máire is greim
acu ar a chuid lomra dhuibh teolaí. Agus nach iad a rinne
an liúradh is an rúille-búille nuair a dhearc siad síos
uathu agus chonaic na Púcaí Peill ag reathaíocht le fána
anseo is ansiúd agus cuthach an domhain orthu, agus iad
ag screadadh go huafar le neart fraoich is mailíse, óir níl
na Púcaí Peill in ann eitilt. . . .

—A leanaí boga amaideacha, arsa Súiche nuair a bhí
siad in airde sa spéir a bhí ag líonadh faoin am seo le
soilse briste fháinne an lae. A leanaí gan chiall gan
réasún, ar seisean; ach cé go raibh an chaint go dorrga
bhí an glór sách cáirdiúil. Cad chuige nár fhan sibh
liomsa?

—Ach cá raibh tú? ar siadsan araon.

—Cá raibh mé, an ea? Agus d'iompaigh Súiche a
cheann agus meangadh mistéireach ar a bhéal.

—Sea, ar seisean, ní mór dom a admháil gur fhág mé
ar feadh scathaimh sibh. B'éigin dom bheith i láthair sa
Chúirt Sí, tuigeann sibh. Oíche speisialta, oíche thábh-
achtach a bhí ann aréir, mar a d'inis mé díbh cheana. . . .
Ach ar theacht ar ais dom go dtí an cnuicín mar ar fhág
mé sibh, bhí sibh imithe. Chaith mé tréimhse fhada ar
bhur lorg, agus faoi dheire is faoi dheoidh fuair mé sibh,
agus - na Púcaí Peill in bhur ndiaidh. Céard d'éirigh díbh
ar chor ar bith?

D'inis Máire is Ciarán gach uile shórt faoina gcuid
eachtraí do Shúiche. D'éist sé go foighneach is gan focal
as, ach ar ball, nuair a bhí siad críochnaithe, chraith sé a
cheann go fíor-eagnaí agus dúirt:

—The Black Toadstools, of course, answered Soot darkly. I've already told you that they were wicked. They hate the Good People, and they hate the Good People's friends, too.

—But for what reason?

—For every reason, my child! The Good People, you see, refused to sit on Black Toadstools for their feasts, as they didn't like their colour, and the King of those same Toadstools declared war on the Faery Host from that day. Every year they try to break up the Great Feast that was held last night, and they'd like to destroy the friends of the Good People on the same night. That was why they chased you.

—And . . . what would they have done if -, began Máire, but she could say no more. It was too horrible to think of.

—Never mind that, said the cat soothingly. They didn't catch you. You see the Good People had great power last night, and they helped you.

The dawn was getting brighter and brighter as he spoke, and the children could hear the sweet voice of a cuckoo singing in the green woods beneath them. They were nearly home by this time. Máire saw a road she recognized, and a cluster of little white houses where friends of hers lived, and a big pool among a crowd of hazel trees where she and Ciarán often bathed on hot summer days. But she paid no heed to these things, for she was listening to Soot's words about the power of the Shee.

—Why did they have extra power last night? said she. What night was it at all?

—Sea, chuir siad draíocht oraibh. B'shin é an fáth nár mhothaigh sibh an t-am ag sleamhnú thart. B'shin é an fáth nár thug sibh faoi deara go raibh sibh ar seachrán i bhfad ón gcnuicín. . . .

—Draíocht? Ach cé chuir draíocht orainn? arsa Máire.

—Na Púcaí Peill Dubha, cad eile, d'fhreagair Súiche go huafar. Dúirt mé libh cheana go raibh siad coirpeach. Is gráin leo na Daoine Maithe, agus is gráin leo cairde na nDaoine Maithe freisin.

—Ach cad chuige?

—Gach uile chuige níos fearr ná a chéile. Na Daoine Maithe, an dtuigeann sibh, dhiúltaigh siad suí ar Phúcaí Peill Dubha aimsir féilte toisc nár thaitnigh a ndath leo, agus d'fhógair Rí na bPúcaí Peill céanna cogadh ar an Slua Sí ón lá úd. Gach uile bhliain déanann siad iarracht ar an bhFéile Mór a bhí ann aréir a bhriseadh, agus ba mhaith leo na cáirde daonna atá ag na Daoine Maithe a chloí freisin an oíche chéanna. Sin é an fáth go raibh an tseilg acu oraibhse.

—Agus . . . céard a dhéanfaidís dá -, arsa Máire, ach níor fhéad sí a thuilleadh a rá. Bhí sé ró-uafásach le machnamh air.

—Ná bac leis sin, arsa an cat go sochma. Níor rug siad oraibh. Nach dtuigeann sibh, bhí an-chumhacht ag na Daoine Maithe aréir agus thug siad cúnamh díbh.

Bhí breacadh an lae ag dul i ngile le linn labhartha dó, agus chuala na páistí glór binn cuaiche ag labhairt sna glas-choillte thíos fúthu. Bhí siad sa bhaile beagnach faoin am seo. Chonaic Máire bóthar a d'aithin sí go maith, agus cnuasach de thithe beaga bána a raibh cáirde léi ina gcónaí iontu, agus linn mhór i measc scata crann coill, áit a mbíodh sí féin is Ciarán ag snámh go minic sna laethanta brothallacha Samhraidh. Ach níor chuir sí

Soot was about to speak when Ciarán interrupted him:

—Look! Look! he cried. Oh, Máire, there's our house! And there's Ellen Kate!

Máire looked down. Sure enough, there was the house, and who should be standing at the door, sweeping the step and singing the 'Maidrín Rua' but Ellen Kate, the servant girl.

—Hurry! said Soot. She mustn't see me! Hurry!

He dropped down through the air like a stone you'd throw into a deep well. They landed, all three, in a heap, right in front of Ellen Kate.

—Wisha, said she with a scream. Bad cess to you for a cat! You're always under my feet! And she waved her broom over Soot's head. The children looked at him. He was as small as he ever was. He gave a big mee-ow, and rushed into the house. Máire and Ciarán rose slowly to their feet.

—You bad children, said Ellen Kate. And where at all did ye spring from? Out in the air so early in the morning, and only your nightshirts on! Into the house with ye this minute!

The children ran indoors at top speed. When they were safely in the hall they looked at each other triumphantly.

—She didn't notice a thing, said Máire. She didn't see Soot was big or anything! But, oh, Ciarán - now we're home again, Soot will just be an ordinary cat, and never speak to us again.

—Until next year, said a voice. They turned round. Soot was sitting on the table behind them.

aon tsuim sna rudaí seo, óir bhí sí ag éisteacht le caint Shúiche faoi chumhacht na Sí.

—Cad chuige go raibh breis cumhachta acu aréir? ar sise. Cén oíche a bhí ann ar chor ar bith?

Bhí Súiche ar tí labhairt nuair a chuir Ciarán isteach air:

—Breathnaigh! Breathnaigh! ar seisean. A Mháire, sin é ár dteachna! Agus féach, sin Ellen Cáit!

D'fhéach Máire síos uaithi. Cinnte go leor bhí an teach ann, agus cé bheadh ag an doras is í ag scuabadh na lice, agus 'An Maidrín Rua' ar siúl aici, ach Ellen Cáit, an cailín aimsire.

—Deifir! arsa Súiche. Caithfidh sí gan mise a fheiceáil! Deifir!

Thit sé síos tríd an aer ar nós cloiche a thumfá i dtobar doimhin. Seo anois iad, an triúr acu, ina gcnap ar an talamh os cóir Ellen Cáit.

—Arú mhuise! ar sí ina seanbhéic. Gan rath ort mar chat! Faoi mo chosa i gcónaí 'gcónaí a bhíonn tú! Agus bhagair sí a scuab os cionn Shúiche. D'fhéach na páistí air siúd. Bhí sé chomh beag is a bhí riamh. Chuir sé Mí-á-ú mór as, agus lasc leis isteach sa teach. D'éirigh Máire is Ciarán ina seasamh go mall righin.

—A leanaí gan mhaith, arsa Ellen Cáit. Agus cárbh as díbh ar son Dé? Amuigh faoin spéir chomh moch seo ar maidin, is gan oraibh ach bhúr léinte oíche! Isteach sa teach libh ar an bpointe!

Isteach leo araon ar a ndícheall. Nuair a bhí siad slán sábháilte sa halla, bhreathnaigh siad ar a chéile agus luisne na bua ina súile.

—Níor thug sí aon cheo faoi deara, arsa Máire. Ní fhaca sí go raibh Súiche mór millteach ná tada! Ach ó, a Chiaráin - anois ó táimíd sa bhaile arís, beidh Súiche ina chat comónta, agus ní labharfaidh sé linn feasta -

—You'll not speak again till then? said Máire.

Soot didn't answer her.

—A big long year! said Ciarán sadly.

—Yes, said Máire; and we never heard yet what night it was last night. Why don't you tell us, Soot, dear? And she knelt down in front of him.

Soot said nothing, but he opened his green eyes wide and looked intently at - at a calendar that was hanging on the wall near the door. Máire looked at the calendar too.

—Oh, Ciarán! said she, look at the date. To-day's the First of May!

—But I don't see what -, began Ciarán.

—Silly! said Máire, and she bent down and whispered in his ear:

—It was May Day Eve last night, said she.

—Go dtí an bhliain seo chugainn, arsa glór ait. Thiontaigh siad thart. Bhí Súiche ina shuí ar an mbórd ar a gcúl.

—Ní labharfaid tú go dtí sin? arsa Máire.

Níor fhreagair Súiche í.

—Bliain mhór fhada, arsa Ciarán go brónach.

—Sea, arsa Máire, agus níor chualamar fós cén oíche a bhí ann aréir. Cad chuige nach n-insíonn tú dúinn é, a Shúiche a stór? Agus chuaidh sí ar a glúna os a cóir amach.

Ní dúirt Súiche tada, ach d'oscail sé a dhá shúil uaine agus dhearc go cruinn ar - ar fhéilire a bhí ar crochadh ar an mballa in aice an dorais. Dhearc Máire ar an bhféilire freisin.

—Ó, a Chiaráin! ar sise. Féach an dáta! Inniu Lá Bealtaine!

—Ach ní fheicimse céard -, thosaigh Ciarán ag rá.

—A amadáinín! arsa Máire, agus chrom sí síos agus chuir cogar ina chluas:

—Oíche Lae Bealtaine a bhí ann aréir, ar sise.

St. John's Eve

There was a crowd of boys going the road together one summer evening, arguing loudly about the Good People.

—There are Good People, said Patcheen Máire, a little fair-haired boy, who was carrying a basket of turf sods on his back. There *are,* said he. I heard my own granny saying there are. And didn't she often see them with her own two eyes? And once when she was talking to the *lorgadán,* it's what he said . . .

—Och, such rubbish! said another boy. Whisper now, there are not at all. Sure doesn't everyone know that they are nothing but lies.

—There are, I'm saying!

—There are not.

—There are.

—There aren't.

—There are!

—Now, hold your whisht! said Cumeen Joyce, the biggest boy of them all. The two of you have us deaf, and what does it matter the one way or the other? Don't be forgetting that we're going to the bonfire, and if you delay like this we'll never reach the hill at all.

—Still and all, said the doubting boy, there aren't

Oíche na Féile Eoin

Bhí scata garsún ag siúl an bhóthair le chéile aon tráthnóna samhraidh amháin, agus iad go hard-ghlórach ag cur síos ar na Daoine Maithe.

—Tá siad ann, adeir Peaitín Mháire, garsún beag a raibh gruaig fhionn chas air agus ciseán móna ar a dhroim aige. Tá siad ann, ar seisean; chuala mé mo sheanmháthair féin á rá go bhfuil. Agus ar ndóigh, nach bhfaca sí lena dá shúil féin go minic iad? Agus uair go raibh sí ag caint leis an lorgadán, 'sé a dúirt sé . . .

—Ach, a leithéid de ráiméis! arsa garsún eile. Cogar i leith anois — níl siad ann ar chor ar bith. Ar ndóigh nach bhfuil a fhios ag an saol nach bhfuil iontu ach bréaga?

—Tá siad ann, adeirim!

—Níl siad ann.

—Tá.

—Níl.

—Tá.

—Níl.

—Tá!

—Arú, bígí in bhúr dtost! arsa Cuimín Seoighe, an buachaill ba mhó díobh uile. Táimíd bodhar agaibh beirt. Agus nach cuma iad a bheith ann nó gan a bheith? Ná bígí ag déanamh dearmaid gur chuig an tine chnámh atá ár dtriall, agus má dhéanann sibh aon mhoill anseo ní

Good People now, if there ever were.

—Ah, what harm? Come on now, Patcheen, and on your life don't be dropping the sods!

They went along for a good way. They passed a lonely cabin by the lake, and Tomeen Micheál, the fisherman, came out of the cabin and joined them. They talked about other things for a time - about the bonfire about Tomeen's father's new boat, and about the circus that was to come to the town before long - hadn't Jimeen Bartley seen the big notices and the grand coloured pictures stuck on the walls the day before? - but after a time they began to speak of the Good People again.

Poor Patcheen! He was the only one of them all who was certain sure that they really existed. And he himself had never seen them, so how could he prove to the others that he was right about them?

—But there *are,* said he for the twentieth time.

They had left the road by this time, and were climbing up the mountain where they meant to light the bonfire. The evening was very warm still, although the sun was sinking in a lake of gold. The sky was the colour of amber; the waters of the lake were like glass; a mist of heat covered the distant mountains; the air was heavy and sweet, like honey you'd leave in a patch of sunshine. The boys grew tired climbing, and from time to time they stopped and mopped their foreheads. Before long one of them said:

—Let's sit down till we take our rest.

And they all sat down on the dry grass, with the flies buzzing over their heads.

—Do you think will there be many people at the

shroichfimíd an cnoc ar chor ar bith.

—Mar sin féin, arsa garsún an amhrais, níl na Daoine Maithe ann anois má bhí riamh.

—Á, cén dochar? Brostaigh ort anois, a Pheaitín, agus ar t'anam ná bí ag cailliúint na bhfód.

Chuir siad píosa maith den bhóthar díobh. Ghabh siad thar bhothán uaigneach cois an locha. Tháinig Taimín Mhichíl Iascaire amach as an mbothán, agus d'imigh in éineacht leo. Bhí siad ag caint faoi rudaí eile ar feadh tamaill — faoin tine chnámh, faoi bhád nua athair Thaimín, agus faoin taispeántas a bhí le teacht go dtí an baile sula i bhfad — nach bhfaca Jimín Bheairtlí na fógraí móra is na pictiúirí breátha daite greamaithe dena ballaí an lá roimhe sin? — ach tar éis scathaimh ghabh siad orthu ag cur síos ar na Daoine Maithe arís.

Peaitín bocht! B'é an t-aon gharsún amháin díobh a bhí cinnte deimhnitheach go raibh siad ann dáiríre. Ach ní fhaca sé féin riamh iad agus mar sin cén chaoi ab fhéidir leis a chruthú dona buachaillí eile go raibh an ceart aige ina dtaobh?

—Ach tá siad ann, ar seisean don bhfichiú huair.

Bhí an bóthar fágtha ina ndiaidh acu faoin am seo agus iad ag strapadóireacht suas an sliabh mar a raibh curtha rompu an tine chnámh a fhadú. Bhí an tráthnóna an-the fós, cé go raibh an ghrian ag dul faoi ina loch óir. Bhí an spéir ar dhath an ómra; ba gheall le gloine é uisce na loch; bhí ceo teasa ag clúdach na sléibhte i gcéin; bhí an t-aer go trom milis ar nós meala a d'fhágfá faoi sholas na gréine. Tháinig tuirse ar na buachaillí agus iad ag strapadóireacht, agus ó am go ham stadaidís agus bhainidís an t-allas dá gcláir éadain. Níorbh fhada go ndúirt garsún acu:

—Suímís fúinn go ceann tamaillín go ligimíd ár scíth.

Agus bhuail siad fúthu ar an bhféar tirim, agus na

bonfire? said Cumeen Joyce.

—Oh, there will, surely, said Tomeen. All the world'll be there, sure enough; it's a great, big, enormous fire we'll have.

—Won't we have the spree! said Patcheen.

—We will, my soul! they all answered.

—Mind now the Good People don't come and put out the fire on us, said Jimeen Bartley. Jimeen really believed in the Faeries, but he was shy of the other boys: he thought they'd be laughing at him if they knew that he believed. So he said that as though he were joking.

—Why would they put it out? said Patcheen.

—Oh, I don't know, but I heard my granda saying

cuileoga ag dordán os a gcionn.

—Meas tú, an mbeidh mórán daoine ag an tine chnámh? arsa Cuimín Seoighe.

—Ó beidh cinnte, arsa Taimín. Beidh an domhan iomlán ann, cinnte go leor; tine mhór mhillteach a bheidh againn.

—Nach againn a bheidh an spraoi! arsa Peaitín.

—Sea, ar mh'anam! ar siad uile.

—Fainic nach dtiocfadh na Daoine Maithe orainn agus an tine a mhúcadh, adeir Jimín Bheairtlí. Chreid Jimín sna Sióga dáiríre ach go raibh sé cúthalach roimh na garsúin eile, agus dar leis go mbeidís ag magadh faoi dá mbeadh a fhios acu gur chreid sé iontu. Mar sin, dúirt sé an méid sin amhail is dá mbeadh sé ag déanamh grinn.

—Cad chuige go múchfaidís í?

they do try to put out the fires sometimes on St. John's Eve.

—Pooh! said the doubting boy. Sure doesn't everyone know there are no such things?

—There are then! Now!

—Then why can't I see them? Tell me that now!

—How do you know you never saw them?

—Because I never did, my soul - and because there aren't any, of course.

As he was speaking, another boy came down the mountain towards them. He was red-headed, and wore bawneens like the other lads, and he was barefoot. He came over to them and sat on the grass. No one spoke for a while. Nobody there knew the stranger. But presently Patcheen Máire looked at him, and said he:

—Who are you, or where are you from?

The other boy didn't answer him at first. He just stared at him and said not a word. And when he spoke he paid no heed to the question he had been asked.

—Are you not all going to the fire on the mountain? said he. The others are there already.

The boys looked at him curiously. What a queer face he had! It was pale, with a pointed chin, and long green eyes that were full of lights and shadows, and his red hair was tossed by the wind.

—Yes, we are, said one of the boys. They were all rather shy of the stranger, and did not know why.

—We're going to light the fire, said Cumeen Joyce. I'm thinking it's a grand fire we'll have there, too - the biggest in Ireland, maybe. Are *you* coming?

—I am, said the stranger. He rose to his feet. We'll be

—Ach - ní fios dom, ach gur chuala mé mo sheanathair á rá go n-iarrann siad na tinte cnámh uaireanta Oíche na Féile Eoin.

—Preit! arsa garsún an amhrais. Ar ndóig nach bhfuil a fhios ag an saol nach bhfuil a leithéid ann?

—Tá adeirim! Anois!

—Cad chuige nach féidir liomsa iad a fheiceáil mar sin? Inis é sin dom anois!

—Cá bhfios duitse nach bhfaca tú riamh iad?

—Ón uair nach bhfaca, ar mh'anam — agus ón uair nach bhfuil siad ann, dar ndóigh.

Le linn labhartha dó tháinig garsún eile chucu anuas an sliabh. Bhí folt rua air, agus culaith bháiníní mar a bhí ar na buachaillí eile, agus bhí sé cosnochta. Anall leis chucu agus bhuail faoi ar an bhféar. Níor labhair éinne go ceann scathaimh. Ní raibh aithne ag éinne ar an stráinséir. Ach ar ball, d'fhéach Peaitín Mháire air, agus ar seisean:

—Cé tusa, nó cárb as tú?

Níor thug an buachaill eile freagra air i dtosach. Ní dhearna sé ach a dhá shúil a chur tríd agus gan smid as. Agus nuair a labhair sé, níor thug sé aon aird ar an gceist a fiafraíodh de.

—Nach bhfuil sibh uile ag dul chuig an tine ar an sliabh? ar seisean. Tá an chuid eile ann cheana féin.

Dhearc na garsúin air go fiosrach. Nárbh aisteach an aghaidh a bhí air? Bhí sé an-mhílítheach, agus bhí smig phointeáilte aige, agus súile uaine a bhí lán de shoilse is de scáileanna, agus bhí a fholt rua scaoilte le gaoth.

—Tá - táimíd ag dul ann, adeir duine dena buachaillí. Bhí siad uile roinnt cúthalach roimh an stráinséir, agus gan a fhios acu cén fáth.

—Táimíd ag dul chun an tine a fhadú, arsa Cuimín Seoighe. Tá mé ag ceapadh gur tine bhreá a bheidh

going, said he. We'll be going at once.

And off he set, singing a grand airy song. The rest of the company rose, too. They felt somehow that this queer red-headed boy was their leader. They followed him up the mountain.

But how quickly he went! The other lads were hardly able to keep up with him. He leapt over furze bushes and he jumped over mossy rocks; he raced through patches of ferns and danced over the smooth green slopes like a hare. Now and then he would turn round and look at them, as much as to say: What! Are you tired already? And then he would go on, dancing and singing, as gay as a blackbird on a May morning.

At long last, just as the other boys were thinking they could go no further, they reached the summit of the mountain. There were other people gathered there, as the boy of the red hair had said. There were girls and boys there from every part of Ireland, you would think, and grown-up men and women, too. It was twilight by now - a warm many-coloured twilight - and people were putting wood and sods of turf in a great heap for the bonfire. Nobody knew the stranger - indeed nobody took any notice of him at all except the lads who had met him on the mountain. It seemed as though no one observed that he was there at all. . . .

But when night fell, and the great fire was kindled, and the young men began to leap through the flames, he started to dance round and round, and to sing strange wild songs, the like of which the boys had never heard before. Patcheen Máire looked at him in wonder. He fancied that the red-headed boy was very like a flame of

againn freisin - an ceann is mó in Éirinn, b'fhéidir. Bhfuil tusa ag teacht?

—Tá, arsa an stráinséir. D'éirigh sé ina sheasamh. Beimíd ag bogadh linn, ar seisean. Beimíd ag bogadh linn láithreach bonn.

Agus siúd chun siúil é, agus é ag crochadh suas amhráin bhreá aerach. D'éirigh an chuid eile den chomhluadar freisin. Mhothaigh siad ar mhodh éigin gurb é an garsún ait rua seo a dtreoraí. Lean siad suas an sliabh é.

Ach nach é a d'imigh go tapaidh! Is ar éigin a bhí na stócaigh eile in ann coinneáil suas leis. Bhí sé ag léim thar thoim aitinn is ag preabadh thar charraigeacha caonaigh, ag ropadh leis trí phaistí raithní is ag damhsa thar na plásóga míne féaracha ar nós giorria. Anois is arís d'iompaíodh sé ar a shál agus d'fhéachadh orthu amhail is dá mbeadh sé ag rá: 'An amhlaidh atá tuirse oraibh cheana féin?' Agus ansin d'imíodh sé ar aghaidh, ag rince is ag gabháil fhoinn, agus é chomh meidhreach le lon dubh maidin Bhealtaine.

Sa deire thiar thall, is na garsúin eile ag ceapadh nach bhféadfaidís dul níos sia, shroich siad mullach an tsléibhe. Bhí daoine eile bailithe ann, faoi mar a dúirt buachaill na gruaige rua. Bhí cailíní is buachaillí ann ó gach aird in Éirinn, cheapfá, agus daoine fásta freisin, idir fhir is mhná. Bhí an clapsholas ann faoi seo - clapsholas teasaí ildathach - agus bhítheas ag cur brosna is fód móna le chéile in aon charn mór amháin i gcóir na tine cnámh. Ní raibh aithne ag éinne ar an stráinséir - go deimhin níor thug éinne aon aird air ach amháin na stócaigh a casadh leis ar an sliabh. De réir cosúlachta níor tugadh faoi deara go raibh sé ann ar chor ar bith. . . .

Ach nuair a thit an oíche agus nuair a fadaíodh an tine mhór, agus nuair a ghabh na fir óga ar bheith ag

73

fire himself, and he wondered what was the difference between him and the rest of the boys. He was lighter by far than any girl there, and yet how strong he was when he could climb up the hill in the way he had done! And when they started to throw up lighted sods into the air, he was the best person there at the game; and he jumped through the flames like - like a faery man, said Patcheen to himself. . . .

But at last the boys grew tired of playing with the fire.

—Let's go off till we have some sport in Gortnashee, said one of them.

And the little party crept away from the other people, and off they went running down the mountain.

caitheamh léim trí na lasracha, thosaigh sé ag damhsa thart agus ag canadh amhrán aisteacha fiáine nach gcuala na buachaillí eile a leithéid riamh. D'fhéach Peaitín Mháire air agus é faoi ionadh mór. Shamhlaigh sé go raibh an buachaill rua an-chosúil le lasair thine é féin, agus d'fhiafraigh sé de féin cerb í an difríocht idir é agus an chuid eile dena garsúin. Bhí sé níos éadroime go mór ná aon chailín dá raibh i láthair, ach, ina dhiaidh sin, nach láidir a bhí sé nuair a d'fhéad sé an cnoc a chur de chomh mear agus a rinne sé! Agus nuair a tosaíodh ar na fóid a chur trí thine agus iad a chaitheamh suas san aer, b'eisean an duine ab fhearr chuige; agus léim sé trí na lasracha ar nós - ar nós fir sí, mar a dúirt Peaitín leis féin. . . .

Nobody had seen the gleam that came into the stranger's eyes when Gortnashee was suggested, except - the doubting boy.

He saw it, though, and a queer feeling came on him. He felt suddenly that the red-headed boy was not quite - ordinary.

But he followed the other lads down the mountain. It was dark night by now, and a moon was in the sky, but from time to time it was hidden, for a big strong wind had risen and was sweeping the green misty clouds across the sky. It was very dark in the field.

—Look! cried Cumeen Joyce after a time. The wind's putting out the fire!

They looked round. Sure enough the red glow from the fire was growing fainter. The flames were out altogether.

—It's rising quickly too, said Tomeen.

—'Tis, wisha!

—Maybe it's a queer wind - a faery wind, said someone jokingly.

—Don't be making a fool of yourself! said the doubting boy, sharply. There was a queer break in his voice. Sure there's no such . . .

He screamed.

—Who's pinching me? said he.

—Wisha - bad cess to you! My grand beautiful new cap! cried another boy, making a dash after his cap. But it had gone on a puff of wind into the darkness before he could catch hold of it.

—And someone's pulling the hair off my poor head! yelled Jimeen Bartley.

Ach d'éirigh na buachaillí tuirseach de bheith ag imirt leis an tine i ndeireadh na dála.

—Téimís go mbeidh roinnt spóirt againn in nGort na Sí, arsa buachaill díobh.

Agus d'éalaigh an dream beag amach ó na daoine eile, agus as go bráth leo ag rith síos an sliabh.

Ní fhaca éinne an luisne a tháinig i súile an stráinséara nuair a moladh Gort na Sí mar ionad imeartha ach amháin - garsún an amhrais. Chonaic seisean í, ámh, agus tháinig mothú ait air ar í a fheiceáil dó. Mhothaigh sé go hobann go raibh an buachaill rua neamhchoitianta.

Ach lean sé na buachaillí eile síos an sliabh. Bhí sé ina oíche amach is amach anois, agus bhí gealach ar an spéir, ach gur cuireadh i bhfolach ar an dream beag meidhreach í ó am go ham toisc go raibh gaoth mhór láidir ag éirí agus í ag scuabadh na néalta uaine ceomhara léi trasna na spéire. Bhí sé an-dorcha sa ghort.

—Breathnaígí! arsa Cuimín Seoighe tar éis scathaimh. Tá an ghaoth ag múchadh na tine!

Bhreathnaigh siad thart. Cinnte bhí an lóchrann dearg ón tine ag dul i laghad. Bhí deire leis na lasracha ar fad.

—Tá sí ag éirí go mór freisin, arsa Taimín.

—Tá, mhuise!

—Gaoth ait - sí-ghaoth atá ann, tá seans, arsa garsún éigin go magúil.

—Ná bí ag magadh fút féin! arsa garsún an amhrais go searbh. Bhí tocht aisteach ina ghlór. Ar ndóigh níl a leithéid -

Chuir sé béic as.

—Cé bhain miotóga asam? ar seisean.

—Mhuise - gan rath ort! Mo chaipín aoibhinn álainn nua - arsa garsún eile, agus é ag caitheamh léime i ndiaidh a chaipín. Ach bhí sé imithe ar an ghaoth isteach

—And I just have destroyed myself in a patch of nettles! said another boy, rubbing his calves.

—Hush - who's laughing? said Patcheen.

They all pricked up their ears.

Yes, there was a sound of laughter to be heard, mixed with the roaring of the wind. The boys became terrified, especially the doubting boy. He began to leap up and down, screaming out that he was being pinched, and that his feet were stuck to the ground.

—Oh, wisha - let's go home! said Tomeen.

—Home, is it? And how, if you please, would we be able to go home at all? Sure I can't see my own two feet, without mentioning the road home, said Cumeen Joyce, miserably.

Suddenly, Tomeen thought of the stranger.

—Hora! you red-headed fellow! said he. Where are you at all?

But no one spoke.

Everything was terribly silent for a moment, and then - a blast of wind rushed by them, and they heard the weird laughter again.

—Look! Look! cried Jimeen Bartley. Don't you see those lights over there? Let's follow them!

The boys looked up, and what should they see but a crowd of green lights dancing in the black air.

—It's men carrying lanterns, said Cumeen Joyce.

—No! No! It's Faery People! shouted the doubting boy.

—But there are no such things, laughed a voice in his ear.

—Who said that? asked the doubting boy.

sa dorchadas sular fhéad sé breith air.

—Agus tá duine éigin ag tarraing an fhoilt dem' cheann bocht! arsa Jimín Bheairtlí ina sheanbhéic.

—Agus tá mise taréis mo mhillte ar phaiste neantóg! arsa buachaill eile agus é ag cuimilt a cholpaí.

—Éist! Cé tá ag gáire? arsa Peaitín.

Chuir siad uile cluas orthu féin.

Sea, bhí fuaim gháire le cloisteáil agus í á meascadh le béicíl na gaoithe. Tháinig scannradh ar na buachaillí, go mórmhór ar gharsún an amhrais. Bhí sé ag preabadh suas is anuas agus é go hardghlórach á rá go rabhthas ag baint miotóg as, agus go raibh a chosa greamaithe don talamh.

—Ó mhuise - imímís abhaile! adeir Taimín.

Abhaile an ea? Agus cén chaoi, led' thoil, a mbeimís in ann dul abhaile ar chor ar bith? Ar ndóigh, ní thig liomsa mo dhá chois féin a fheiceáil, gan trácht ar an mbóthar abhaile, arsa Cuimín Seoighe go brónach. De gheit, chuimhnigh Taimín ar an stráinséir.

—Óra, a mhic an fhoilt rua! ar seisean. Cá bhfuil tú ar chor ar bith?

Ach níor labhair éinne.

Bhí gach uile rud iontach tostach ar feadh nóiméid, agus ansin - scuab puth gaoithe tharstu, agus chuala siad an gáire uafar arís.

—Féachaigí! Féachaigí! arsa Jimín Bheairtlí. Nach bhfeiceann sibh na soilse úd thall? Leanaimís iad!

D'fhéach na buachaillí uathu agus céard a fheicfidís ach scata soilse uaine agus iad ag rince san aer dubh.

—Fir agus lóchrainn ar iompar acu atá ann, arsa Cuimín Seoighe.

—Ní hea! Ní hea! Daoine Sí atá ann! adeir garsún an amhrais chomh hard is a bhí ina cheann.

—Ach níl a leithéid ann, arsa guth gáireach ina chluas.

But no one had said it.

They set off walking then in the direction of the lights. But before they had gone far, what should they do but tangle themselves in an old twisted faery-thorn. As they were trying to free themselves from its cruel thorns, a queer thing happened. The green lights rushed over to them, and in their midst the lads saw the pale face of the stranger. He was flying over the ground! A crown of fire was on his head, and he wore a suit of glittering green, and two great shiny wings rose from his shoulders. A gay host of girls and men was following him, and they were all laughing and conversing together as they floated in the direction of the frightened boys.

—Aha! said one of the young girls. Here is my horse! And she jumped up on Cumeen's back.

And here is mine! said a young man, and before you could turn your hand he was seated comfortably on Tomeen's back.

And before long there was a faery on the back of every boy, except the doubting boy. But the stranger looked intently at him, and went into a burst of laughter.

—Then Finnbarr must be satisfied with this noble steed, said he; and he leapt up, and away with them all, galloping round and round Gortnashee. And the riders were followed by the rest of the host, and who should be among them, seated on the back of a white faery steed, but - Patcheen! And didn't he have sport!

All night long they were galloping round Gortnashee. They grew terribly tired, but the Good People would not let them rest, though they could hardly stand.

—Cé dúirt é sin? arsa garsún an amhrais.

Ach ní dúirt éinne é.

Siúd chun siúil iad ansin i dtreo na soilse. Ach sula raibh siad i bhfad ag siúl, céard a dhéanfaidís ach iad féin a chur ar mearú ar sheansceach-sí. Agus iad ag iarraidh iad féin a scaoileadh ó na dealga cruálacha, tharla rud ait. Rith na soilse uaine anall chucu, agus, ina measc, chonaic na buachaillí éadan liathbhán an strain-séara. Bhí sé ag eitilt os cionn na talún! Bhí coróin tine ar a cheann aige, agus 'sé a bhí ar a chorp, culaith niamhrach uaine, agus bhí dhá sciathán mhór shoilseach ag éirí as a shlinneáin. Bhí slua meidhreach cailíní is fear á thionlacan, agus iad uile ag gáire is ag cómhrá le chéile, agus iad ag eitilt i dtreo na ngarsún faiteacha.

—Ahá! arsa duine dena cailíní óga. 'Sé seo mo chapall! agus phreab sí in airde ar dhroim Chuimín.

—Agus 'sé seo mo chapallsa! arsa fear óg, agus in iompú do bhoise bhí sé ina shuí go deas compórdach ar dhroim Thaimín.

Agus ba ghairid go raibh sióg ar dhroim gach buachalla, ach amháin ar dhroim gharsún an amhrais. Ach d'fhéach an strainséir air siúd agus chuaidh sna trithí gáire.

—Ní mór d'Fhionnbarra bheith sásta leis an each uasal seo, ar seisean, agus léim sé in airde air, agus as go brách leo uile ar chos-in-airde, mór-thimpeall Ghort na Sí. Agus lean an chuid eile den slua na marcaigh, agus cé bheadh ina measc, agus é in airde ar mhuin eich bháin sí, ach - Peaitín! Agus nach aige a bhí an greann!

Ar feadh na hoíche ar fad bhí siad ag sodar ar fud Ghort na Sí. Ghabh tuirse uafásach iad, ach ní ligfeadh na Daoine Maithe dóibh a scíth a ligean, cé gur ar éigin a bhí siad in ann seasaimh. Timpeall an ghoirt leo, agus timpeall air arís gan sos, agus an ghealach mhór chruinn

Round and round the field they went without a stop, with the great round moon laughing down at them from the sky, and the wind chanting round them. They would like to have stopped and not to have moved another step - but what could they do? The spurs of the Shee were sharp, and the riders knew well how to use them. The boys had to run ceaselessly; and after a while it seemed to them that they had left Gortnashee behind them, and were rushing all over Ireland. They fled over mountains and through glens and by river banks in the moonlight. On they flew, through dark forests that were full of whisperings and of murmurings; they saw the moon fading from the cold grey sky, and the trees swaying under the wind of dawn . . . and at last they could run no further. The sky seemed to fall down on to them and the earth to rush up towards them. . . . They fell. . . .

Patcheen was the first one to wake. He stretched himself. He rubbed his eyes and looked round. It was true then! He was lying under a faery thorn in Gortnashee, and the other boys were stretched on the grass beside him.

Patcheen woke them. How weary and worn they looked! They were bruised and broken from head to toe, and they were hardly able to move their limbs.

—I'd a grand adventure, said Patcheen. I was riding all night with the Good People.

—A grand adventure, my soul! said the doubting boy. He rubbed his thighs and groaned.

—Ugh, I'm dead! said Cumeen.

—I wonder am I able to walk? said Tomeen.

They were all sick and sore for a week. But not one of

ag gáire anuas orthu ón spéir, agus an ghaoth ag canadh ina dtimpeall. Ba mhaith leo stad agus gan cor ná car eile a chur díobh – ach céard ab fhéidir leo a dhéanamh? Ba ghéar iad spoir na Sí, agus is maith a thuig na marcaigh conas feidhm a bhaint astu. B'éigin dona garsúin rith gan stad; agus tar éis scathaimh chonacthas dóibh go raibh Gort na Sí fágtha ina ndiaidh acu, agus go raibh siad ag imeacht leo ar fud na hÉireann. D'imigh siad leo thar sléibhte is trí ghleannta agus cois aibhneacha faoi sholas na gealaí. Ar aghaidh leo trí fhoraoiseacha dubhacha a bhí lán de chogarnach is de thormán: chonaic siad an ghealach ag imeacht as an spéir fhuar liath, agus na crainn á luascadh faoi ghaoth fháinne an lae . . . agus sa deire níor fhéad siad rith a thuilleadh. Chonacthas dóibh go raibh an spéir ag titim anuas orthu, agus an talamh ag rith aníos chucu. Chuala siad scairt gáire fiáin. . . . Thit siad. . . .

B'é Peaitín an chéad duine a dhúisigh. Bhain sé searradh as féin. Chuimil sé bos dá shúile. Dhearc thart. Bhí sé fíor, mar sin! Ina luí faoi bhun sceiche sí i nGort na Sí a bhí sé, agus bhí na garsúin eile sínte ar an bhféar ina aice.

Dhúisigh Peaitín iad. Nach caite traochta a d'fhéach siad! Bhí siad brúite briste ó bhonn go baithis, agus is ar éigin a bhí siad in ann a ngéaga a chorraí.

—Bhí an-eachtra agamsa, arsa Peaitín. Bhí mé ag marcaíocht ar feadh na hoíche leis na Daoine Maithe.

—'An-eachtra', ar mh'anam! arsa garsún an amhrais. Chuimil sé a cheathrúna agus lig osna mhór as.

—Uch, táim marbh! arsa Cuimín.

—N'fheadar an bhféadfaidh mé siúl? arsa Taimín.

Bhí siad uile go tinn brúite cráite ar feadh seachtaine. Ach ní dhearna éinne acu - fiú garsún an amhrais féin - magadh faoi na Daoine Maithe riamh ina dhiaidh sin. Go

them - not even the doubting boy - ever made game of the Good People after that. Indeed, they were highly respectful to them for ever after, and soon a friendship rose between them.

But they never saw the red-headed boy again. And the queerest thing was that nobody else of the people at the bonfire had seen him at all. The lads questioned them carefully, but no one had laid eyes on him. No one had heard him singing his queer wild songs; no one but the boys themselves had seen him dancing on the mountain like a flame of fire.

deimhin, is amhlaidh a thug siad ómós mór dóibh go héag, agus ba ghearr gur fhás cineál cairdis eatarthu.

Ach ní fhaca siad an buachaill rua choíche arís. Agus - rud ab aisteach leo - ní fhaca éinne eile de lucht na tine cnámh é ar chor ar bith. Cheistigh na garsúin go cúramach iad uile, ach níor leag éinne súil air. Níor chuala éinne é ag crochadh suas a chuid amhrán aisteach fiáine; nó ní fhaca éinne é ach na garsúin féin, ag damhsa ar an sliabh mar a bheadh lasair thine.

—And then Aladdin grew frightened, said Peg's mother. He went on calling and calling to his wicked uncle, but sure he never paid any heed to his voice, the wretch! Poor Aladdin! He was a prisoner in that underground country.

—Oh, mother! said Peg. And what did he do then?

—Well, he began walking up and down, and the old brass lamp in his hand. He was thinking what he should do. But, presently, what did he do but rub the lamp without knowing it. . . . And look! a big dense vapour filled the place, and a Genie - or a Chinese faery - rose out of the lamp, a Genie with big scaly hands, and his two eyes like shining lanterns in his head; and, says the Genie: Aladdin, I am your slave; I am the slave of that lamp you have there. Say whatever you wish for, and I will do it for you, says the Genie.

—Oh! said Peg. Go on, mameen!

Her mother put a sod of turf on the fire. She hung the kettle on the hook. Outside the windows the autumn twilight was getting darker and darker. The wind began to cry softly round the house.

—One, two, three, four, five, six, said the clock that was hanging on the wall.

Oíche Shamhna

 —Agus ansin tháinig faitíos ar Aladdin, arsa máthair Pheig. Lean sé air ag glaoch is ag síor-ghlaoch ar a uncail coirpeach, ach dar ndóigh, níor thug sé siúd aon aird ar a ghlór, an bithiúnach! Aladdin bocht! Bhí sé ina phriosúnach sa tír úd faoi thalamh.

—Ó, a mháthair! arsa Peig. Agus céard a rinne sé ansin?

—Sea, thosaigh sé ag siúl suas is anuas is an sean-lampa práis ina ghlaic aige, agus é ag déanamh a mhachnaimh. Ach ar ball, céard a dhéanfadh sé ach an lampa a chuimilt i ngan fhios dó féin. . . . Agus féach! Líon gal mhór thiubh an áit, agus d'éirigh Géní — nó sióg Shíneach — as an lampa; Géní a raibh lámha móra gainneacha air agus a dhá shúil mar a bheadh dhá lóchrann niamhrach ina cheann; agus arsa an Géní: Aladdin, is mise do sclábhaí, is mise sclábhaí an lampa sin agat. Abair cibé rud is mian leat, agus déanfaidh mé duit é, arsa an Géní.

—Ó! arsa Peig. Lean ort, a mhaimín!

Chuir a máthair fód móna ar an tine. Chroch sí an túlán ar an gcrúca. Taobh amuigh dena fuinneoga bhí breacsholas an Fhómhair ag síor-dhul i ndorchadas. Thosaigh an ghaoth ag caoineadh go bog thart timpeall an tí . . .

—A haon, a dó, a trí, a ceathair, a cúig, a sé! arsa an

—God save us! said the mother, and she jumped up. Your father will be coming in on us directly, and I've not a sup of milk for the stirabout. Pegeen, dear, run down to the gap and bring home the goat till I milk her. Hurry up now, like a pet, and I'll finish the story later on - and we'll have grand sport to-night, when it's late. It's Hallowe'en, you know, and I've some nuts and apples . . .

—Ah, bad cess to the same old goat! said Peg, crossly. But she got up and went over to the door all the same. Mameen, said she, wouldn't it be grand to have a lamp like Aladdin's - and - and a Genie to do whatever you wanted for you?

—Indeed it would, *a chuisle*. But make haste now, or your daddy will have to go without his supper. And,

clog a bhí ar crochadh ar an mballa.

—Sábhála Dia sinn! adeir an mháthair, agus phreab sí ina seasamh. Beidh t'athair ag teacht isteach orainn gan mhoill, agus deamhan braon bainne sa teach agam i gcomhair na leitean. A Pheigín, a chuid, rith leat siar go dtí an bhearna agus tabhair an gabhar abhaile go gcrúfaidh mé í. Brostaigh ort anois mar a dhéanfadh peata, agus cuirfidh mé críoch ar an scéal am éigin eile — agus beidh an-spórt againn anocht nuair a bheidh sé níos deireannaí. 'Sí Oíche Shamhna atá ann, tá's agat, agus tá mála úll is cnónna agam . . .

Ach, gan rath ar an seanghabhar céanna! arsa Peig go crosta. Ach d'éirigh sí ina seasamh agus chuaidh anonn go dtí an doras mar sin féin. A mhaimín, ar sise, nár

Pegeen, put a shawl round you, child; 'tis getting cold.

—I will so. And Peg took an old brown shawl from a peg by the door, threw it over her head and shoulders, and away with her - out of the house, down the boreen, and across the heather to the gap where the goat was tethered to a thorn tree.

It was a queer evening - queer is the only word you could use to describe it. The sky was dim and full of misty clouds, and there was a red glow to be seen in the west still; and a light wind was sighing over the bare hills like the voice of some lonely person who would be lost in a strange country. Peg stood still for a moment and watched the faraway mountains vanishing under the purple mists of evening. A whitish vapour rose from the earth and made everything look shadowy and strange.

—The place where Aladdin lived wasn't like this, said she to herself. There are no caves full of jewels or anything here. I wish I could be in China! I wish I could - what a lot of things I wish I could do! Now, if I had a magic lamp the way he had . . . and I've nothing at all. She pouted, and tossed the dark curls out of her eyes. Then she ran on. It was too cold to stand still for long, and the mist was rising fast.

How lonely the place was! She was a good way from the house by now, and she felt as though she were quite alone in a big empty world of mist and shadow. She started thinking of her mother and father, and she said to herself that it would be a grand thing to be safe and sound at home, sitting in the red glow of the fire eating apples and nuts. She thought of her doll, too - its name was Belinda - and of everything that was warm and

bhreá an rud é lampa den tsórt a bhí ag Aladdin a bheith
againne - agus - Géní lena chois sin le do rogha rud a
dhéanamh duit?

—Ba bhreá go deimhin, a chuisle. Ach déan deifir
anois, nó beidh ar do dhaidí dul in easpa a shuipéir. Agus
a Pheigín, cuir seál umat, a linbh, tá sé ag éirí fuar.

—Cuirfead. Agus thóg Peig sean-seál donn ó chrúca a
bhí le hais an dorais, d'fhill ar a ceann is ar a guaillí é;
agus lasc léi - as an teach, síos an bóithrín, agus trasna an
fhraoigh chuig an bhearna, áit a raibh an gabhar
ceangailte do sceach.

B'aisteach an tráthnóna é - aisteach an t-aon fhocal
amháin a d'fheilfeadh dó. Bhí an spéir an-doiléir agus í
lán de scamaill cheomhara, agus bhí luisne dhearg le
feiceáil san iarthar fós; agus bhí gaoth éadrom ag osnaíl
thar na cnoic mhaola mar a bheadh glór duine uaignigh
éigin a bheadh ar fán i dtír choimhthíoch. D'fhan Peig
ina seasamh go ceann scathaimh ag breathnú ar na
sléibhte i gcéin ag imeacht as radharc faoi cheo corcra an
tráthnóna. D'éirigh gal liathbhán aníos ón talamh agus
chuir cosúlacht ait scáileach ar gach uile ní.

—Ní raibh an áit ina raibh Aladdin ina chónaí cosúil
leis seo, ar sise ina haigne féin. Níl aon phluaiseanna
líonta le seoda le fáil anseo ná tada.... Ba mhaith liomsa
bheith sa tSín! Ba mhaith liom bheith ábalta - óra! nach
iomaí rud ar mhaith liom bheith ábalta air! Anois, dá
mbeadh lampa draíochta agam mar a bhí aigesean . . .
ach níl aon cheo agam. Chuir sí pus uirthi féin, agus
sháigh an casfholt dubh siar óna súile. Ansin chuaidh sí ar
aghaidh. Bhí sé ro-fhuar le go seasfadh sí i bhfad, agus
bhí an ceo ag éirí go tapaidh.

Nárbh uaigneach an áit í! Bhí sí scathamh maith ón
teach faoi seo, agus mhothaigh sí mar a bheadh sí ina
haonar ar fad i ndomhan mór folamh nach raibh ann ach

comfortable. She sighed. She wished she were back at home already. She had never been frightened of the dark before - she wasn't really frightened to-night, but . . . the shadows were so queer, and the mists seemed to cover everything with a thin grey mantle, and then - it was Hallowe'en.

She began to walk faster. What was that? A sound like the bleating of the goat. She listened intently.

—It must be our goat, thought Peg. There! It's likely she went astray in the fog. And she started walking in the direction of the sound. She went over rough heathery ground, and she leaped over bushes and stones, but she didn't see a sign of the goat. Presently she heard the bleating again. Listen! Was it bleating? She stood still for a while, with her heart beating wildly. She was certain that the sound was not bleating at all. It seemed like the laughter of people. . . .

She grew very frightened. She would have liked to run home, but she could not move. But a moment after that her fear vanished like the dew of the morning, for she saw a crowd of bright lights dancing through the mist straight in front of her; she heard gay talk and merry laughter - and suddenly she saw a host of people, old and young, coming towards her out of the gloom. Some of them were singing fine airy songs, others were conversing together, and from time to time they would burst out laughing, as though they were having great fun. Some of the women carried little yellow lanterns which gave a strange twinkling light, and shone brightly on all their faces. They danced over to Peg, and one little woman, who had red hair, and eyes with a green glow in

ceo is scáthanna. Ghabh sí uirthi ag machnamh ar a máthair is ar a hathair, agus dúirt sí léi féin go mba bhreá an rud é bheith slán sábháilte sa bhaile, í ina suí i lóchrann dearg na tine agus í ag ithe úll is cnónna. Smaoinigh sí ar a bábóg freisin - Belinda an t-ainm a bhí uirthi siúd - agus ar gach ní a bhí go deas teolaí seascair. Lig sí osna. Ba mhaith léi bheith sa bhaile arís cheana féin. Ní raibh aon scáth uirthi roimh an dorchadas roimhe sin - ní raibh scáth uirthi anocht roimhe dáiríre, ach . . . bhí na scáileanna chomh haisteach sin, agus chonacthas di go raibh an ceo ag clúdach gach uile ní a bhí ina timpeall le brat tanaí liath, agus ansin - b'í Oíche Shamhna a bhí ann.

Bhain sí giorracht as a coiscéimeanna. Céard é sin? Fuaim mar a bheadh meigeallach gabhair ann. D'éist sí go haireach.

—Ár ngabhar féin atá ann ní foláir, arsa Peig léi féin. Féach é sin! Is dócha go ndeachaidh sí ar strae sa cheo.

Agus siúd chun siúil léi i dtreo na fuaime. Bhí sí ag gabháil thar thalamh garbh fraoigh, agus ag léim thar thoim is thar chlocha, ach ní fhaca sí an gabhar, ná a rian. Chuala sí an mheigeallach arís gan mórán achair. Éist! An meigeallach a bhí ann? D'fhan sí seal ina seasamh, agus a croí ag bualadh go trom ina cliabhrach istigh. 'Sé a bhí ann, dar léi, gáire duine éigin. . . .

Tháinig imeagla uirthi. Ba mhaith léi rith abhaile, ach ar ndóigh ní raibh inti corraí. Ach nóiméad ina dhiaidh sin, d'imigh a cuid faitíosa di mar a d'imeodh drúcht na maidne, óir chonaic sí scata soilse geala agus iad ag rince tríd an gceo os a cóir amach, chuala sí an chaint ghliondrach is an gáire meidhreach - agus, go tobann chonaic sí slua daoine, idir óg is aosta, agus iad ag teacht chuici as an deatach duaibhseach. Bhí cuid acu ag crochadh suas amhrán breá aerach, cuid eile ag cómhrá

them, stretched out her hands to Peg, and said she:

—Pegeen Mullen, you are a good child, and you have many good friends among us. Never forget that now.

—Thank you, ma'am, said Peg, and she looked round shyly at the company.

—Isn't it a sweet voice she has! said an old woman, who wore a long red cloak, and had a covered basket in her left hand.

—Yes, and look at her lovely curly hair, said a handsome young man who carried a hazel wand.

—We ought to show her to the King, said another man.

—Yes! yes! said an old person - Peg thought she had seen him before, but she wasn't sure. Now, said he, come with us, Pegeen, and you'll have the newest of all food, and the oldest of all drink, and dances and singing galore.

—But I have to go home and bring the goat with me, said Peg.

She was a little frightened again, but she didn't mean to let on that she was.

—What! You don't want to come with us? said a young maiden in a green glimmering dress, whose hair was streaming in the wind.

—We must bring her with us so, said a tiny little man with a red cap on his head.

And then they began to dance round her in the form of a circle. Peg looked at them. She was not afraid of them, but she wished they would let her go. But how beautiful, how lovely their dancing was! Pegeen felt that she could have watched them for ever. . . . She felt that she was

le chéile, agus ó am go ham théidís sna trithí gáire, amhail is dá mbeadh an-ghreann ar bun acu. Bhí lóchrainn bheaga bhuí ar iompar ag cuid dena mná agus solas ait drithleach ag sileadh uathu agus ag taitneamh go deas ar a n-éadain uile. Dhamhsaigh siad anall chuig Peig, agus bhí bean bheag amháin ann a raibh gruaig rua uirthi, agus shín sí a lámha chuig Peig, agus, ar sise:

—A Pheigín Ní Mhaoláin, is maith an gearrchaile tú, agus is mó cara maith atá agat inár meascna. Ná déan dearmad de sin go deo.

—Go raibh maith agat, a bhean uasail, arsa Peig, agus d'fhéach sí thart ar an gcomhluadar go cúthalach.

—Nach binn an glór atá aici! arsa seanbhean a raibh clóca fada dearg uirthi agus ciseán clúdaithe ina ciotóg aici.

—Sea, agus féach an cas-fholt álainn atá uirthi, arsa fear óg dathúil a raibh slat choill ar iompar aige.

—Ba chóir dúinn í a thaispeáint don Rí, arsa fear eile.

—Ba chóir, arsa seanduine - cheap Peig go bhfaca sí cheana é in áit éigin, ach ní raibh sí siúráilte. Anois, ar seisean, tar linne, a Pheigín, agus beidh 'nua gach bia is sean gach dí' agat, agus damhsaí is amhráin go leor.

—Ach is éigin dom dul abhaile agus an gabhar a bhreith liom, arsa Peig.

Bhí beagán eagla uirthi arís, ach bhí fúithi gan ligint uirthi go raibh.

—Céard é sin! Ní mian leat teacht in éineacht linn? arsa maighdean óg a raibh gúna uaine niamhrach uirthi agus a folt fada ór-bhuí ag imeacht le gaoth.

—Caithfimid í a bhreith linn, mar sin, arsa firín bídeach a raibh caipín dearg ar a cheann.

Agus ansin thosaigh siad ag rince ina timpeall i bhfoirm chiorcail, agus iad ag amhránaíocht. Dhearc Peig orthu. Ní raibh aon eagla uirthi rompu, ach ba

growing weary, though, and a strange heaviness crept on her thoughts. She thought she would have to fall asleep soon, and then what would happen to her?

As she was thinking of this, and wondering what she had better do, she felt something cold and hard under her left foot. And then she heard a voice - was it her mother's? - saying: Look! look! What's that on the ground? She glanced down and what should she see . . . lying on the wet heather . . . but an old rusty lantern.

—A lamp - a magical lamp, like the one Aladdin had! said she to herself delightedly. She bent down and picked it up as quick as lightning. She rubbed it with her right hand.

—I wish my daddy would come and bring me home! said she at the top of her voice.

mhaith léi go mbogfaidís di. Ach nárbh álainn, nárbh aoibhinn an damhsa a bhí ar siúl acu! Mhothaigh Peigín go bhféadfadh sí breathnú orthu go héag . . . Mhothaigh sí tuirse ag teacht uirthi, ámh, agus troime ait ag brú isteach ar a smaointe. Shíl sí go gcaithfeadh sí titim ina codladh gan mhoill, agus ansin céard a éireodh di?

Agus í ag machnamh air seo, agus ag iarraidh a dhéanamh amach céard ab fhearr di a dhéanamh, mhothaigh sí rud fuar cruaidh éigin faoina cois chlé. Agus chuala sí guth - arbh é guth a máthar é? - ag rá: Féach - féach! Céard é sin ar an talamh? D'fhéach sí síos uaithi, agus céard a fheicfeadh sí . . . ina luí ar an bhfraoch fliuch . . . ach lóchrann aosta meirgeach.

Then, it seemed to her that the dancers and their gleaming lanterns and the mist and everything were rushing round her in a whirlwind. She fell in a heap on the ground.

—But why did she come here at all, or what put her astray? My poor little girl! We must bring her home on the spot.

Peg looked up. She saw her father's face, and the face of her mother, too, pale and anxious, in the faint light of a hurricane lantern.

—Am I all right? she whispered.

—You are, pet, said her mother. Sure I oughtn't to have sent you out to-night at all. . . . But, thanks be to God, we have you safe and sound now, and she hugged her to her breast.

And then her father carried her home through the dark misty night, and before long she was sitting, warm and comfortable, by the fire, wrapped up in a blanket, eating nuts and roasting apples. They had a grand Hallowe'en, and Peg told all her adventures to her father and mother, and didn't she surprise them! And Peg herself was surprised, too, when her father told her that he had found her lying on the heather near the old faery fort on the hill. . . .

And the nicest part of the whole adventure, thought Peg, was the way she had found the old lantern just as the airy dancers were going to bring her away with them. She was quite sure that it was that which had saved her, just as the magical lamp saved Aladdin when he was in the wonderful cave.

—Lampa - lampa draíochta mar a bhí ag Aladdin! ar sise léi féin go ríméadach. Chrom sí síos agus phioc suas é, ar iompú boise. Chuimil sí lena deasóg é.

—Ba mhaith liom go dtiocfadh mo dhaid agus mé a bhreith abhaile! ar sise in ard a gutha.

Ansin, chonacthas di go raibh na rinceoirí agus a gcuid lóchrann niamhga agus an ceo agus gach uile rud ina nguairdeán agus é ag casadh timpeall uirthi. Thit sí ina cnap ar an talamh.

—Ach cad chuige ar tháinig sí anseo ar chor ar bith, nó céard a chuir amú í? Mo ghearrchaile bocht! Caithfimid í a thabhairt abhaile ar an bpointe.

D'fhéach Peigín suas. Chonaic sí aghaidh a hathar, agus aghaidh a máthar freisin, agus í go bán imníoch faoi sholas lóchrainn stoirme.

—Bhfuil mé alright? ar sise i gcogar.

—Tá, a pheata, arsa a máthair. Dar ndóigh, níor cheart dom tú a chur amach anocht ar chor ar bith. . . . Ach buíochas le Dia tá tú slán sábháilte againn anois, agus theann sí lena hucht í.

Agus ansin d'iompair a hathair abhaile í tríd an oíche dhubhach cheomhar, agus ba ghearr go raibh sí ina suí go socair suaimhneach cois na tine, pluid fillte timpeall uirthi, agus í ag ithe cnónna agus ag róstadh úll. Bhí an-Oíche Shamhna acu, agus d'inis Peig faoin a cuid eachtraí go léir dá hathair is dá máthair, agus nach orthu a bhí an t-ionadh dá mbarr! Agus is ar Pheig féin a bhí an t-ionadh freisin nuair a d'inis a hathair di go bhfuair sé í ina luí ar an bhfraoch in aice leis an seandún sí ar an gcnoc. . . .

Agus b'í an chuid ba dheise den eachtra ar fad, dar le Peig, an chaoi a fuair sí an sean-lóchrann agus na rinceoirí aeracha ar tí í a bhreith leo. Bhí sí lán-chinnte

—And now, said she in her own mind, whenever I'm in danger or anything at all, I'll just rub it, and then I'll be all right.

And so she kept the old lantern, and took great care of it; and unless I am very much mistaken she has it in her possession from that day to this.

gurb é sin a shábháil í, faoi mar a shábháil an lampa draíochta Aladdin agus é sa phluais iontach.

—Agus anois, ar sise ina haigne féin, pé uair a bheidh mé i bponc, 'sé a dhéanfaidh mé ná é a chuimilt, agus beidh mé alright.

Agus mar sin choinnigh sí an sean-lóchrann agus 'sí a bhí go cúramach leis, agus mara bhfuil dul amú mór orm, tá sé ina seilb ón lá úd go dtí an lá atá inniu ann.